Alfred Schiffner

Gedichte
11.–13. Schuljahr

Analyse und Interpretation

MANZ VERLAG

3. Auflage 2002
Manz Verlag
© Ernst Klett Verlag GmbH, Stuttgart 1999
Alle Rechte vorbehalten
Lektorat: Peter Süß, München
Herstellung: Karin Schmid, Baldham
Umschlaggestaltung: Zembsch' Werkstatt, München
Layout: Karin Schmid, Baldham
Satz: Karin Schmid, Baldham
Druck: Druckhaus Beltz, Hemsbach
Printed in Germany

ISBN 3-7863-1080-7

Wie Sie am besten mit diesem Buch arbeiten

Hier lernen Sie anhand von acht Beispielen verschiedene Möglichkeiten kennen, Gedichte zu analysieren und zu interpretieren. Die ausgewählten Texte reichen vom Barock bis zur Gegenwart.

Die Kapitel A bis H sind in sich abgeschlossene Einheiten. Am Anfang steht jeweils der Originaltext. Jedes Gedicht erschließt sich durch einen anderen Zugang, der im Anschluss an den Text kurz erläutert ist. Die Analyse folgt in den Arbeitsschritten. Die Aufgaben hierzu sind fortlaufend nummeriert und so aufgebaut, dass Sie den Text Schritt für Schritt entschlüsseln können. Infos und Zwischenergebnisse geben Ihnen dabei wichtige Hilfen. Am Ende jedes Kapitels finden Sie ein Aufsatzbeispiel in Form einer kompletten Gedichtinterpretation.

Die Lösungsvorschläge sollen Ihnen einen Anhaltspunkt geben, was als Antwort auf eine Frage erwartet werden kann. Es handelt sich dabei um möglichst optimale Antworten – erschrecken Sie also nicht, wenn Ihre Ideen nicht so perfekt ausfallen. Formulieren Sie die komplette Gedichtinterpretation auf jeden Fall selbstständig und vergleichen Sie Ihre Ergebnisse erst danach mit dem Aufsatzbeispiel.

Im Anhang des Buches finden Sie ergänzende Informationen zu den Bereichen *Reim, Metrum* und *Rhythmus* sowie zu *lyrischen Gattungen*. Ein ausführliches Verzeichnis von Fachbegriffen mit Erklärungen greift wichtige Ausdrücke auf, die in den Kapiteln vorkommen und besonders gekennzeichnet sind. Nutzen Sie das → Verzeichnis so oft wie möglich und ergänzen Sie es, falls Sie den einen oder anderen Eintrag vermissen.

Sie können das Buch während der gesamten Sekundarstufe II verwenden. Stehen Sie kurz vor einer Prüfung (Klausur oder Abitur), so eignet es sich auch zur Wiederholung und Vertiefung Ihrer Kenntnisse.

Wir wünschen Ihnen viel Erfolg!

Inhalt

A Andreas Gryphius: *Einsamkeit*

1   In dieser Einsamkeit der mehr denn öden Wüsten,

Gestreckt auf wildes Kraut, an die bemooste See,

Beschau ich jenes Tal und dieser Felsen Höh,

Auf welchen Eulen nur und stille Vögel nisten.

5   Hier, fern von dem Palast, weit von des Pöbels Lüsten,

Betracht ich, wie der Mensch in Eitelkeit vergeh,

Wie auf nicht festem Grund all unser Hoffen steh,

Wie die vor Abend schmähn, die vor dem Tag uns grüßten.

9   Die Höhl, der rauhe Wald, der Totenkopf, der Stein,

Den auch die Zeit auffrißt, die abgezehrten Bein

Entwerfen in dem Mut[1] unzählige Gedanken.

12 Der Mauren[2] alter Graus[3], dies ungebaute Land

Ist schön und fruchtbar mir, der eigentlich erkannt,

Daß alles, ohn ein Geist, den Gott selbst hält, muß wanken.

(1650)

1 Gemüt
2 Mauern
3 Schutt

1 Zugang über das lyrische Ich

In den meisten Gedichten spricht nicht unmittelbar der Autor, der verschiedenste Gedanken, widersprüchliche Gefühle, Erlebnisse oder Wahrnehmungsfacetten auf sich vereinen müsste, sondern ein → lyrisches Ich. Dieses Ich ist Sprecher des Textes und muss befragt werden:

✘ In welchen → Strophen spricht es?

✘ Wer spricht da?

✘ Wen repräsentiert das Ich?

✘ In welcher Eigenschaft spricht es?

✘ In welcher Stimmung befindet es sich? Am Anfang des Gedichts in einer anderen als am Ende?

✘ Zu wem spricht es? Für sich?

✘ Was sagt es eigentlich?

✘ In welchen Formen, Sätzen und Bildern drückt es sich aus?

✘ Entwickelt es sich im Verlauf des Textes?

✘ Bleibt seine Haltung in allen → Strophen gleich?

Aus diesem Fragenkomplex lässt sich ein methodischer Zugang zu einem Gedicht gewinnen, wenn Sie die Fragen systematisch und genau stellen.

2   Arbeitsschritte

Wenn Sie den Text – was ganz normal wäre – nicht sofort verstehen, stellen Sie sich Fragen über das → lyrische Ich und die Komposition des Textes. Wahrscheinlich wird sich Ihnen eine ganze Reihe von Fragen aufdrängen. Notieren Sie sie daher auf einem Zettel, damit Sie keinen wichtigen Punkt vergessen.

Nehmen wir an, Ihre ersten fünf Fragen zum Gryphius-Text lauten:

✘ Wer spricht im Gedicht?

✘ Gibt es überhaupt einen Sprecher?

✘ Wer ist einsam?

✘ Was hat der Titel mit dem Text zu tun?

✘ Welche Zeichen der Einsamkeit führt der Text auf?

Beginnen Sie mit immer mit der Frage, die Sie am leichtesten beantworten können. Vermutlich ist es in unserem Fall die Frage nach dem Subjekt der Handlung.
Entwickeln Sie aus Ihren Notizen anschließend Ihre ganz spezielle Fragestrategie.

1   Wer spricht im Gedicht?

Sie erkennen sofort: Dieses Gedicht hat einen Sprecher, ein → lyrisches Ich, das in
einsamer Umgebung die Gegend beschreibt, Zeichen der Einsamkeit wahrnimmt
sowie über sich und die Welt nachdenkt. Dieses → lyrische Ich ist nicht der Autor
Gryphius, sondern eine eigene Existenz mit individuellem Empfinden.
Wenn Sie nicht sofort erkennen, warum das → lyrische Ich ein einsames Ich ist,
dann betrachten Sie den Text wie mit der Lupe und formulieren Sie die folgende
Frage.

2   Was nimmt das Ich in seiner Umgebung wahr?

Gehen Sie bei Ihrer Antwort langsam vor. Beschränken Sie sich zunächst auf die
Substantive. Notieren Sie Ihre Beobachtungen der Reihe nach auf einem Zettel.
Ihr Katalog von Merkmalen und Formen der Einsamkeit sieht dann etwa so aus:

	Was?	
Einsamkeit	Eulen nur	Stein
Wüste	Höhle	Graus
Felsen	Wald	
See	Totenkopf	

3   Wie sind diese Erscheinungen charakterisiert?

	Wie?
wild	fern (von dem Palast)
öd	weit (von des Pöbels Lüsten)
bemoost	ungebaut
still	

Was ist mit dieser Übersicht gewonnen? Wie kommt man weiter?
Sie sehen ein Ich, das von sich selbst spricht und zugleich seine nähere und weitere Umgebung betrachtet. Sie müssen nun nach der Rolle dieser Wahrnehmungen des Ichs fragen. Danach geht es darum, was die Vokabeln, durch die die Wahrnehmungen ausgedrückt werden, bezeichnen.

4   Was haben die Begriffe wie zum Beispiel *Wüste*, *See*, *Höhle* usw. gemeinsam?

Es sind Anzeichen der Einsamkeit, der Abgeschiedenheit, der Stille und der Unfruchtbarkeit.

5   Was passt in dieser Landschaft nicht zusammen?

Sie sehen richtig: Wüste und Wald, Tal und Meer (= die See) passen nicht zusammen. Die Landschaft ist unwirklich und künstlich; sie wird vom Ich überhaupt nicht erlebt. Der Autor lässt anhand von Requisiten der Natur, die bestimmte Bedeutungen tragen, das Ich die Vorstellung von Einsamkeit haben.
Jetzt muss dieses Bild, das das Ich von seiner Welt gewonnen hat, genauer untersucht werden. Der Text folgt ja nur dem Blick und den Gedanken des sprechenden Ichs. Das Ich nimmt aber nicht nur die einsame Stimmung wahr.

6   Was sagt das Ich über Menschen oder menschliche Gruppen?

Notieren Sie wieder der Reihe nach, was im Text über Menschen, ihr Zusammenleben und ihr Verhalten gesagt wird. Machen Sie sich eine Liste, die den Text ruhig auch einmal in unsere heutige Sprache umwandeln darf.
So wird Ihre Liste ungefähr aussehen:

Pöbel	grundloses Hoffen
Lüste	rascher Gesinnungswandel, Unbeständigkeit
Eitelkeit	viel Grübeln und Nachdenken

— Fassen wir zusammen —

Sie haben entdeckt, dass im Augenblick des Sprechens das Weltbild des
→ lyrischen Ichs von der Einsamkeit der Natur und von negativen menschlichen Eigenschaften beherrscht wird.

Nun muss der Zusammenhang zwischen den *menschlichen* und den *natürlichen* Erscheinungen, die der Text zeigt, gefunden werden. Sie haben bereits gesehen, dass dieser Zusammenhang durch den Blick und die Überlegung des → lyrischen Ichs hergestellt wird. Also muss gefragt werden, was das Ich *zuerst* sieht, *wie* der Blick sich entwickelt, verändert oder verengt. Zu diesem Zweck überprüft man am besten der Reihe nach jede → Strophe.

7   Wie entwickelt sich der Blick – und damit die Überlegung – des Ichs? Unterstreichen Sie im Text die Vokabeln, die auf diese Frage Antwort geben. Achten Sie dabei auf die Bedeutung dieser Vokabeln.

Ihr Text sollte nun folgende Unterstreichungen aufweisen:

1   In dieser Einsamkeit der mehr denn öden Wüsten,

Gestreckt auf wildes Kraut, an die bemooste See,

Beschau ich jenes Tal und dieser Felsen Höh,

Auf welchen Eulen nur und stille Vögel nisten.

5   Hier, fern von dem Palast, weit von des Pöbels Lüsten,

Betracht ich, wie der Mensch in Eitelkeit vergeh,

Wie auf nicht festem Grund all unser Hoffen steh,

Wie die vor Abend schmähn, die vor dem Tag uns grüßten.

9   Die Höhl, der rauhe Wald, der Totenkopf, der Stein,

Den auch die Zeit auffrißt, die abgezehrten Bein

Entwerfen in dem Mut unzählige Gedanken.

12   Der Mauren alter Graus, dies ungebaute Land

Ist schön und fruchtbar mir, der eigentlich erkannt,

Daß alles, ohn ein Geist, den Gott selbst hält, muß wanken.

Was Ihnen nun ins Auge springt, ist die qualitative Veränderung der Perspektive und der Überlegungen des Ichs. Vom Schauen zum Betrachten, vom Denken zum Erkennen führt die Entwicklung. Obwohl es sich immer um eine Form des Sehens handelt, steht am Ende des Textes eine Vokabel aus dem Wortfeld *denken*.

Natürlich müssen Sie überlegen, was das Ich im Lauf seiner Betrachtung (= im Fortgang des Gedichts) jeweils wirklich – über die äußeren Wahrnehmungen hinaus – sieht und schließlich erkennt. Dazu prüfen Sie am besten wieder jede → Strophe des Gedichts.

8 Mit welchem Bereich / welcher Hauptsache / welchem Thema beschäftigt sich jede Strophe besonders? Notieren Sie am Rand des Gedichts einen thematischen Sammelbegriff für jede Strophe.

Das kann folgendermaßen aussehen:

1 In dieser Einsamkeit der mehr denn öden Wüsten,

Gestreckt auf wildes Kraut, an die bemooste See,

<u>Beschau ich</u> jenes Tal und dieser Felsen Höh,

Auf welchen Eulen nur und stille Vögel nisten.   *Natur*

5 Hier, fern von dem Palast, weit von des Pöbels Lüsten,

<u>Betracht ich</u>, wie der Mensch in Eitelkeit vergeh,

Wie auf nicht festem Grund all unser Hoffen steh,

Wie die vor Abend schmähn, die vor dem Tag uns grüßten.   *Mensch*

9 Die Höhl, der rauhe Wald, der Totenkopf, der Stein,   *Zeit /*

Den auch die Zeit auffrißt, die abgezehrten Bein   *Zeitloses /*

<u>Entwerfen</u> in dem Mut unzählige <u>Gedanken</u>.   *Lebloses*

12 Der Mauren alter Graus, dies ungebaute Land

Ist schön und fruchtbar mir, der eigentlich <u>erkannt</u>,

Daß alles, ohn ein Geist, den Gott selbst hält, muß wanken.   *Gott*

9   Wie kommen Sie nun – von Ihren Beobachtungen ausgehend – zu
Deutungen des Gedichts von Gryphius? Formulieren Sie für jede Strophe
eine gedankliche Zusammenfassung.

Wenn Sie die gedanklichen Bereiche mit der erarbeiteten Entwicklung der Betrachtungsweise des Ichs kombinieren, können Sie problemlos die Grundaussage jeder → Strophe formulieren.
Ihre Zusammenfassung wird dann etwa so lauten:

1. Quartett:	*Einsames Beschauen der öden Natur*
2. Quartett:	*Betrachtung der Eitelkeit (Nichtigkeit)*
	menschlichen Hoffens
1. Terzett:	*Nachdenken über Zeit und Natur*
2. Terzett:	*Erkenntnis der Wirkung Gottes führt sogar*
	zur Wertschätzung der Wildnis.

Sie ahnen bereits, dass hinter dieser gesteigerten Entwicklung vom Schauen zum Erkennen eine religiöse Weltsicht verborgen ist. Um diese richtig zu deuten, müssen Sie in einem zweiten Durchgang auch Form, Sprache und Stil untersuchen.

Was Sie durch die Lösung der Fragen 7 und 8 geleistet haben, ist nichts anderes als eine Teiluntersuchung der → Strophenmetrik, also des Verhältnisses der
→ Strophen zueinander. Dieses Verhältnis muss nun genauer geprüft werden, um die Kernaussage des Textes formulieren zu können. Dazu sollten Sie neben der Form des Textes gleichzeitig seinen Inhalt betrachten.
Im Aufsatzbeispiel am Ende dieses Kapitels wird durch die Bezeichnungen
→ Quartett und → Terzett auf eine bestimmte Form des Gedichts verwiesen:
das → Sonett.
Auch wenn Sie in einer Prüfung nicht mehr wissen sollten, was ein → Sonett ist und dass es eine populäre Gedichtform des Barock war: Prüfen Sie trotzdem die formale → Strophenmetrik des Textes um zu sehen, wie Form und Inhalt aufeinander bezogen sind. So kommen Sie ebenfalls zu brauchbaren Ergebnissen. Ist Ihnen die Form des → Sonetts ein Begriff, gehen Sie genauso vor.

Strophenmetrik

Die Bestimmung der Strophenmetrik hilft Ihnen beim Erkennen von inhaltlichen Schwerpunkten und Besonderheiten. Hier einige wichtige Beispiele, wie die Strophenmetrik gestaltet sein kann:

- Kreisstruktur: Die letzte Strophe schließt inhaltlich (vielleicht auch formal) wieder an die erste an.

- Rahmen: Die erste und die letzte Strophe bilden einen inhaltlichen Rahmen; die eigentliche Aussage steckt in den Binnenstrophen. Aber auch der Rahmen kann wichtige, ja sogar entscheidende Ideen enthalten.

- Variation: Jede Strophe variiert den gleichen Gedanken, ein Motiv, ein Bild immer neu.

- Pointierung: Die gedankliche Entwicklung des Gedichts spitzt sich deutlich auf seine Schlussstrophe zu; der Höhepunkt liegt am Ende.

- Abstrahierung: Inhalt und Gedanken des Gedichts werden in seinem strophischen Verlauf immer abstrakter und allgemeiner.

- Konkretisierung: Ein abstrakter Grundgedanke wird im strophischen Verlauf des Gedichts immer anschaulicher.

- Antithetik: Eine Hälfte des Gedichts steht – gedanklich, bildlich, thematisch – im Gegensatz zur anderen Hälfte.

Im Gedicht *Einsamkeit* von Andreas Gryphius haben Sie schon *ein* inhaltliches Bauprinzip der Strophenmetrik als Ergebnis festgehalten: die Entwicklung vom Schauen zum Erkennen, vom eher alltäglichen Umherblicken zum überlegten inneren Schauen.
Aber wie kommen Sie jetzt weiter? Bleiben Sie bei der Form und suchen Sie weitere Bauelemente. Wenn Sie den Gedichttyp und die → Strophenmetrik bestimmt haben, bleiben Ihnen noch die einzelnen → Strophen selbst zur Untersuchung. Also müssen Sie nach der inneren Bauart der → Strophen fragen.

10   Wie verhalten sich Form und Inhalt der Strophen zueinander?

Ins Auge gesprungen ist Ihnen längst die gleiche Bauart der ersten beiden → Strophen, der → Quartette.

11 Worin gleichen sich die Quartette inhaltlich und formal außerdem noch? Unterstreichen und notieren Sie, was Sie an formaler Gleichheit (Satzbau, Reime, Verszahl) finden; markieren Sie außerdem die inhaltlichen Ähnlichkeiten.

Dann sieht Ihr Text wahrscheinlich so aus:

1	In dieser Einsamkeit der mehr denn öden Wüsten,	*a*
	Gestreckt auf wildes Kraut, an die bemooste See,	*b*
	Beschau ich jenes Tal und dieser Felsen Höh,	*b*
	Auf welchen Eulen nur und stille Vögel nisten.	*a*
5	Hier, fern von dem Palast, weit von des Pöbels Lüsten,	*a*
	Betracht ich, wie der Mensch in Eitelkeit vergeh,	*b*
	Wie auf nicht festem Grund all unser Hoffen steh,	*b*
	Wie die vor Abend schmähn, die vor dem Tag uns grüßten.	*a*

Wenn Sie Ihre Unterstreichungen und Markierungen auswerten, werden Sie feststellen, dass beide → Quartette mit lokalen Bestimmungen der Situation des Ichs beginnen; in der zweiten → Strophe kommt dies sogar doppelt vor, wodurch nicht nur der Abstand des Ichs von der Welt hervorgehoben, sondern auch seine bewusste Einsamkeit demonstriert wird.

In den Zeilen 3 und 6 verweist die grammatische Parallelkonstruktion der Versanfänge auf den engen Zusammenhang von *beschauen* und *betrachten*. Das Reimschema lautet jeweils *abba*. Beide Strophen besitzen folglich → umarmende Reime, die jeweils einen → Paarreim umschließen. Zusammengehörigkeit und Abgeschlossenheit der Strophen werden dadurch in gleicher Weise ausgedrückt.

Damit haben Sie einen Unterschied der Strophen formuliert, den Sie im Prinzip schon in Ihrer Antwort auf Frage 8 gesehen haben.

Jetzt sind Ihre Vorarbeiten und Auflistungen aus den ersten Fragen hilfreich. Dort haben Sie bemerkt, dass es auch einen thematischen Unterschied zwischen den Strophen gibt.

12   Welche Unterschiede zwischen den beiden Quartetten sind wichtig, um das Verhältnis der zwei Strophen zueinander zu bestimmen?

Das Ich beschreibt in der ersten Strophe die (künstlich arrangierte) Natur. Falls Sie nicht gleich entdecken, wie und wodurch es das tut, fragen Sie genauer.

13   Wertet das Ich die Natur oder beschreibt es sie nur?

Es beschreibt die Natur – ohne jede moralische Wertung. Es stellt nur seine Einsamkeit in dieser Landschaft fest. Damit liegt die Frage, *wodurch* das geschieht, auf der Hand.

14   Was vermittelt dem Leser die einsame Stimmung in besonderer Weise?

Wenn Sie bei dieser Frage Schwierigkeiten haben, dann lesen Sie noch einmal die Antworten auf die Fragen 2 bis 5 in diesem Kapitel nach!

Fassen wir zusammen

> Die einsame Stimmung wird durch Naturelemente vermittelt, die durch Größe, Weite oder Unfruchtbarkeit charakterisiert sind, die als unwirtlich oder gefährlich gelten: *Wüste*, (die) *See* und *Felsen*. Vertieft wird diese Wirkung durch die Wahl der Adjektive: *öd*, *wild*, *bemoost* und *still*.

Die zweite Strophe variiert das → Motiv der Einsamkeit. Sie ergänzt die Adjektive, die auf die Einsamkeit hindeuten. Es heißt: „*fern* von dem Palast, *weit* von des Pöbels Lüsten“.

15   Was hat sich durch die Variationen in der zweiten Strophe gegenüber der ersten qualitativ geändert?

Der Mensch steht im Mittelpunkt der Betrachtungen des Ichs. Menschen kommen nur abwertend in diesem → Quartett vor, als Bewohner vermutlich luxuriöser Paläste, als moralisch verachteter Pöbel – als eitel. *Eitel* bedeutet im Barock immer *nichtig* und *vergänglich*. Das Bauwerk steht stellvertretend für seine Bewohner. Diese Stilfigur heißt → Metonymie. Als eitel, nichtig und vergänglich wird die ganze Gesellschaft gesehen, vom Palastbewohner bis zum Pöbel.
Das zweite Quartett fällt Urteile; *betrachten* ist eben genauer als *beschauen*. Auch in Stilfiguren lässt der Autor das Ich dabei sprechen: Die Antithetik (→ Antithese) des achten Verses verschärft die Vergänglichkeit menschlichen Handelns. Am Abend wird man von denen schon gekränkt, die einen am Morgen (= „vor dem

Tag") noch schätzten. Der dreifache Satzbeginn mit *wie,* davon in Vers 7 und 8 als
→ Anapher, vertieft den Eindruck menschlicher Unzulänglichkeit. Vergänglichkeit,
Hoffnungslosigkeit und Verrat folgen in den Verszeilen 6 bis 8 aufeinander.
Anapher, Antithese und → Wiederholung verleihen der zweiten Strophe insgesamt
mehr Tempo und Intensität.

Damit haben Sie schon viel interpretiert, aber erst die Hälfte des Textes analysiert.
Im Rest des Gedichts gilt es jetzt zu prüfen, ob die bisher angepeilte Deutung
schon trägt und nur noch einiger Ergänzungen bedarf – oder ob sich doch noch
Widersprüche und Differenzierungen ergeben.

16   Untersuchen Sie – mit Unterstützung Ihres Vorwissens aus den ersten beiden Strophen – den zweiten Teil des Gedichts. Welche Aufschlüsse geben
die beiden Terzette? Markieren Sie inhaltliche / bedeutungsmäßige Ähnlichkeiten und unterstreichen Sie formale Gleichheiten.

Ihr Text wird nun etwa folgendermaßen aussehen:

9	Die Höhl, der rauhe Wald, der Totenkopf, der Stein,	*c*
	Den auch die Zeit auffrißt, die abgezehrten Bein	*c*
	Entwerfen in dem Mut unzählige Gedanken.	*d*
12	Der Mauren alter Graus, dies ungebaute Land	*e*
	Ist schön und fruchtbar mir, der eigentlich erkannt,	*e*
	Daß alles, ohn ein Geist, den Gott selbst hält, muß wanken.	*d*

Ihnen ist sicher die → Häufung von Substantiven aufgefallen; in dieser
Gedrängtheit sind sie in den Quartetten nicht zu finden.

17   Welche Eigenschaft ist diesen Substantiven gemeinsam?

Die Dinge und Erscheinungen, die mit den Substantiven bezeichnet werden –
besonders in den Zeilen 9 und 10 –, sind fast alle vergänglich, von Zerstörung,
Verwitterung und Verfall bedroht. Sie unterliegen dem Gesetz der vergehenden
Zeit bzw. sind sie → Symbole für Vergänglichkeit.
Sie machen das erste → Terzett viel schneller als die behäbigen Quartette, sie
drängen und schieben voran. Wenn Ihnen nicht klar ist, woher das Drängen und
Schieben rührt, hilft ein Blick auf die grammatische Struktur des Textes.

18   Welchen grammatischen Platz nehmen die Substantive im Satzbau ein?

Sie stellen eine starke syntaktische und grammatische Veränderung fest. Nicht
mehr das Ich (wie in den Quartetten) beschaut und betrachtet, sondern *Höhl*,
Wald, *Totenkopf*, *Stein* und *Bein* lösen die Gedanken des betrachtenden Ichs aus,
bestimmen und beschleunigen sie. So dicht sie auftreten, so stark drängen die
Substantive auch als Gedanken ins Gemüt des Ichs. Subjekte sind Mauerschutt,
Land, *Höhl* usw.; sie sind dem *schön und fruchtbar*, der *erkennt*.
Der → Paarreim in den Kopfzeilen der Terzette verklammert die Substantive nicht
nur, sondern verstärkt auch ihr Drängen und ihr Tempo in den Versen 9 und 10
sowie ihr Gewicht in den Versen 12 und 13. Die → Schweifreime in den Schlusszeilen der Terzette, die noch dazu miteinander reimen, stellen den Grundgedanken, den die Terzette jeweils entwickeln, besonders deutlich heraus.

Quartette und Terzette unterscheiden sich also durch Reim und Verszahl, ja sogar
im Sprechtempo. Dennoch gibt es eine formale Gemeinsamkeit, die alle Strophen
verbindet. Sie erkennen sie leicht, wenn Sie sich das Gedicht langsam und laut
vorsprechen. Versuchen Sie dabei, es metrisch (= nach seinem Takt) zu betonen.

19   Lesen Sie das Gedicht laut vor. Wodurch klingen alle Verszeilen so
getragen?

Der Klang hängt vom Takt ab. Den Klang dieser Betonungsweise schreibt man so:

x x́ x x́ x x́ | | x x́ x x́ x x́ x

Das → Metrum, das sich aus der Kombination derart betonter Wörter ergibt, heißt
→ Alexandriner. Es besteht aus sechs → Jamben mit einer → Zäsur in der Mitte des
→ Verses. Durch sein → Versmaß wirkt der Text ruhig, getragen und → pathetisch –
passend zum Thema des Gedichts.

┌─ **Fassen wir zusammen** ─┐

Sie haben die einzelnen Strophen formal, gedanklich und thematisch bestimmt
sowie den Weg des Ichs vom Betrachten zum Erkennen festgehalten. Sie haben
die Quartette als den Ort von unwirtlicher Natur und gottferner Menschenwelt,
die Terzette als Bereich intensiven Denkens und Erkennens analysiert.
Jetzt müssen Sie nur noch Ihre Ergebnisse aus der Beschreibung der Strophenmetrik mit Ihren gedanklichen Einsichten kombinieren, um eine schlüssige Ge-
neralthese zu finden.

20   Welches Ergebnis, welche Grundeinsicht, welches Problem wird im Gedicht
wo und wie besonders vermittelt?

Thematische Bestimmung, inhaltliche Beschreibung und formale Untersuchung
von → Strophik, Reimverknüpfung sowie von Wort- und Motivwahl haben Ihnen
gezeigt, wie sehr sich der Schwerpunkt des Gedichts zu seinem Schluss hin verla-
gert. Dem Ich, das sich selbst anspricht (= *mir*), ist die größte Öde fruchtbar und
schön, weil es (im letzten Terzett) erkennt, dass die ganze Welt ohne gotterfülltes
Denken jederzeit einstürzen kann (= *muß wanken*). Ohne Gottes Geist ist diesem
Ich alles vergänglich, nichtig. In der Literaturgeschichte heißt diese Vorstellung
→ Vanitas-Gedanke.

Nun werden Sie vielleicht einwenden, dass diese Erkenntnis recht willkürlich und
aufgesetzt wirkt. Aber betrachten Sie noch einmal Ihre Vorarbeiten, Gedankenschrit-
te und Notizen um zu sehen, wie sehr Sie den Text schon entschlüsselt haben.

── Fassen wir zusammen ──

Durch alle bisherigen Fragestellungen haben Sie analysiert, wie das sprechende Ich systematisch über Natur, Mensch, Zeit und Gott reflektiert, gleichzeitig
vom Betrachten zum eigentlichen Erkennen gelangt. Dabei spitzt sich die
Reflexion des Ichs genauso wie der Text des Gedichts immer deutlicher zu. Den
betrachtenden und beschreibenden Quartetten, geprägt von veranschaulichten
Landschaftsbildern (in Adjektivform), folgen deutende Terzette, die durch zei-
chenhafte Requisiten (Substantive, wie zum Beispiel *Totenkopf, Stein, Bein*)
bestimmt sind. Die Aufzählungen beschleunigen den Text und die Gedanken.

---

21   Das letzte Terzett bringt etwas scheinbar Widersinniges. Nach drei Strophen
Beschreibung von Ödnis und Verfall soll dies dem Ich *schön und fruchtbar*
sein. Was macht die Analyse des Schlussgedankens besonders schwierig?

Der Schlussgedanke enthält ein → Paradoxon – eine beliebte Denk- und Stilfigur
des Barock. Es wird durch eine → Pointierung am Schluss des Sonetts aufgelöst.
Der gotterfüllte Geist findet selbst die Wildnis und Vergänglichkeit schön, weil er
sie nicht zu fürchten braucht: Das Ich wendet sich von der Welt (= Wüste) ab und
dem göttlichen Heil zu. Dieser scheinbare Widersinn ist erst durch ein im Barock
beliebtes Gedanken- und Bilderspiel entstanden: durch das dreiteilige → Emblem,
das im gesamten Text verborgen ist.

✗   Die Überschrift des Gedichts (*Einsamkeit*) gibt das → Motto vor.

✗   Die ausgestaltete → Metapher der Wüste mit ihren „Requisiten" ist das
Bild.

✘ Das gereimte, pointierte → Epigramm liefert die Deutung des Bildes und den Bezug zum Motto: ein einsam-wüstes Leben ohne Bezug zum Göttlichen.

Epochenübersicht Barock

- Hauptzeit der lyrischen Produktion: 17. Jahrhundert

- Historisches Schlüsselerlebnis: Dreißigjähriger Krieg (1618 – 1648)

- Ausdrucksweise: gesteigert, emphatisch, pathetisch

- Lebensgefühl: Im Gefolge des Krieges rücken für die Menschen Krieg, Raub, Pest und Verwüstung in den Mittelpunkt. Dieses kollektive Erlebnis ist den Autoren gegenwärtig; der barocke Leser kennt das Grundempfinden, das ein Gedicht vermittelt. Tod und Vergänglichkeit führen zu einem Gefühl der Angst, das sich in zwei kontroversen Lebensformen niederschlägt – auch in der Literatur – , nämlich in einer Hinwendung zum Diesseits (Weltsucht) und einer Hinwendung zum Jenseits (Weltflucht). Dahinter steht einerseits die Angst, das kurze Leben nicht genügend auskosten zu können; man strebt nach Genuss. Andererseits besteht dauernde Angst, das Gericht Gottes nicht zu bestehen; deshalb sucht man nach ewigen Werten. Somit stehen sich zwei Lebensformen einander gegenüber: eine „barocke Lebensführung", die sich in Spielsucht, Verschwendung, Liebesgenuss, Schönheitskult und üppiger Baukultur äußert, auf der Gegenseite die Abgeschiedenheit als Lebensform, Einkehr, Meditation, Stille, Besinnung, Gebet und Reue sowie die Verherrlichung Gottes durch barocke Kirchenbauten.

- Typischer Wortschatz: *Alabaster, Purpur, Granat, Rubin, Welt, Gott, Seele, Eitelkeit, Einsamkeit*

- Bevorzugte Stilfiguren: Prunkbedürfnis und Ausdrucksfreude prägen das barocke Sprechen.
  - Metaphern: *Redefluss, Licht der Wahrheit, Seelenschatz, Nektarlippen, Muschelkind* (= Perle), *goldgeflammtes Haar, Wollustgluten*
  - Unverbundene Worthäufungen: *Ein Brand, Pfahl und ein Rad, Pech, Folter, Blei und Zangen* (Gryphius)
  - Anaphorische Häufungen: *Hier hilft kein Recht, wir müssen weichen. / Hier hilft kein Kraut, der Mensch ist Gras / Hier muss die Schönheit selbst erbleichen. / Hier hilft nicht Stärke, du bist Glas.* (Gryphius)

- Parallelenhäufungen: *Mund! Der die Seelen kann durch Lust zusammen hetzen, / Mund! Der viel süßer ist als starker Himmelswein, / Mund! Der du Alicant des Lebens schenkest ein* (Hofmannswaldau)
- Antithesen: *Was dieser heute baut, reißt jener morgen ein; / wo itzund Städte sind, wird eine Wiese sein.* (Gryphius)
- Hyperbolisches Sprechen: *Soll ich in Ätnas Schlund entzünden meine Hand?* (Hofmannswaldau)
- Periphrasen: *Bürgen meiner Lust* (= Sterne), *der Sonne Kammermagd* (= Mond)
- Invokationen: *Ihr Wiesen und du Berg, ihr Schatten und ihr Lüfte / Ihr Felder, düstrer Forst, ihr Klippen, edler Rein*
- Wortneuschöpfungen: *bittersüß, erdenschwarz, Freudenrosen, Lilienbrüste, Zinnobermund, benelkt, bepurpurt*

- Wichtige Autoren: Gryphius, Hofmannswaldau, Opitz, Lohenstein, Greiffenberg, Dach

Wie bringen Sie nun alle Einzelteile Ihrer Analyse zu einem schlüssigen Aufsatz zusammen?

✗ Kennzeichnen Sie zunächst mit einem Textmarker alle Teile aus Ihren Antworten auf die Fragen 1 bis 21, die Sie fast unverändert im Aufsatz übernehmen können. Das sind vor allem die Abschnitte, wo Sie bereits argumentiert, verglichen und geurteilt haben.

✗ Suchen Sie dann ein Gliederungsprinzip, zum Beispiel vom Allgemeinen zum Detail, vom Formalen zum Inhalt oder von den sprachlichen Besonderheiten zur Gesamtaussage.

✗ Vorschlag: Nutzen Sie Ihre Schlusseinsichten. Gehen Sie im Fall des Gedichts *Einsamkeit* vom Ergebnis – dem Epigramm – aus und fügen Sie nach und nach die Beweise an. Sie müssen dabei nicht alles aufbieten, was Sie notiert haben; sie können die wichtigen Punkte zusammenfassen. Wichtig ist das treffende Beispiel, der schlagende Beweis – nicht die Vollständigkeit. Bei einzelnen Beobachtungen können Sie aber auch stärker in die Tiefe gehen, als es Ihre Notizen zunächst nahe legen.

✗ Entwerfen Sie anschließend einen Aufsatz, an dessen Rand Sie pro Abschnitt notieren, welche Beobachtungen oder Ergebnisse Sie verarbeitet und beantwortet haben.

✗ Vergleichen Sie erst zum Schluss Ihren Text mit dem hier folgenden Aufsatzbeispiel. Sie werden sehen: Sie haben eine Menge geleistet. In Details werden Sie sicher ausführlicher gewesen sein als das Aufsatzbeispiel.
Viel Glück!

3   Aufsatzbeispiel

Einleitung: Vanitas-Gedanke	Im Sonett „Einsamkeit" von Andreas Gryphius wird keine traurige und öde Landschaft beschrieben, sondern die für den Barock typische Grundeinsicht ausgedrückt, dass die ganze Welt ohne Glaube, „ohn ein Geist, den Gott selbst hält" (Z. 14), nichtig ist.
Lyrisches Ich	Das lyrische Ich gelangt zu dieser Einsicht in vier meditierenden Schritten: Beschauen (vgl. Z. 3), betrachten (vgl. Z. 6), denken (vgl. Z. 11) und erkennen (vgl. Z. 13) sind die Stationen seiner theologischen Einsicht.
Strophenmetrik Wortfelder	Gryphius lässt das lyrische Ich diese Einsicht in zunehmender Steigerung erleben. Der Erkenntnisweg führt das Ich über verschiedene Formen des Sehens zum Begreifen.
Religiöse Perspektive	Diesem religiösen Programm entsprechend sind die einzelnen Strophen des Sonetts gestaltet.
Künstliche Landschaft	Im ersten Quartett betrachtet das lyrische Ich eine Natur, deren Elemente eigentlich überhaupt nicht zusammenpassen, aber Signale der Einsamkeit aussenden. Die Adjektive „öd" (vgl. Z. 1), „wild" (vgl. Zeile 2), „bemoost" (vgl. Z. 2) und „still" (vgl. Z. 4) verweisen auf Verlassenheit. Wüste, Fels, See und Tal sind Räume, in denen Einsamkeit erlebt werden kann.
Requisiten der Einsamkeit	Aber wie die Eulen als Symbole der einsamen Klugheit sind sie nur Requisiten einer Vorstellung, einer Idee von Einsamkeit.
	Im zweiten Quartett wird dieser künstliche Ort der Einsamkeit zum Ort von Betrachtungen über den Menschen. Die grammatisch parallel konstruierte Einleitung der dritten und sechsten Verszeile zeigt die Verbundenheit von „beschauen" und „betrachten".
Menschliches Verhalten	Das Verhalten des Menschen gibt dem betrachtenden Ich keinerlei Anlass zur Hoffnung. Am Abend ist er schon anderer Gesinnung als am Morgen, wobei die Tageszeiten nur auf den raschen Wechsel menschlicher Meinungen hindeuten.

Antithese

Der antithetische Bau der achten Verszeile hebt die Geschwindigkeit dieses Gesinnungswandels ebenso hervor wie er die Kritik des Ichs daran verstärkt.

Wiederholung / Anapher

Die in drei aufeinander folgenden Verszeilen wiederholte Vergleichspartikel „wie" (vgl. Z. 6 – 8), davon zweimal anaphorisch, schärft dem Leser gleich dreimal die Vergänglichkeit menschlichen Strebens ein. Eitelkeit bedeutet dabei im Barock immer Nichtigkeit. Sie bestimmt das menschliche Leben, ob das des gewöhnlichen Volkes („Pöbel", vgl. Z. 5) oder das der feinen Menschen am Hof, auf die der meto-

Metonymie

nymisch gebrauchte Begriff „Palast" (vgl. Z. 5) hinweist.

Nicht nur über die Natur, auch über die Zeit philosophiert das Ich im ersten Terzett.

Vergänglichkeitssymbole

„Höhl", „Wald", „Totenkopf" (Z. 9) und Skelett (= „Bein", Z. 10) haben nun überhaupt nichts mehr mit den Naturbegriffen „Wüsten" (Z. 1) und „See" (Z. 2) aus dem ersten Quartett gemein. Der Requisiten-Charakter der Naturbilder und Naturerscheinungen wird immer deutlicher. Die rasche Aufzählung dieser Sinnbilder von Vergänglichkeit und Einsamkeit in zwei aufeinander folgenden Versen

Worthäufung

(vgl. Z. 9 und 10) ergibt eine Worthäufung, der die „unzählige(n) Gedanken" (Z. 11), die sich dem lyrischen Ich ins Gemüt drängen, entsprechen. Diese Vergänglichkeitsbilder, diese Orte der Einsamkeit sind

Syntax / Grammatik

jetzt Subjekt, sie entwerfen die Gedanken, denen das Ich sich stellen muss. Das „Entwerfen" von „Gedanken" (Z. 11) ist der Kern des ersten Terzetts, in dem sich der Übergang vom Betrachten zum Denken vollzieht.

Gott steht im Mittelpunkt des letzten Terzetts. Durch seinen „Geist" (Z. 14) werden Ruinen („der Mauren alter Graus", Z. 12) und braches, „ungebaute(s) Land" (Z. 12) für das gläubige Ich „schön und fruchtbar" (Z. 13) – eine Formel, deren paradiesischer Charakter unverkennbar ist.

Vanitas-Gedanke als Paradoxon

Diese im Grunde paradoxe Einsicht erkennt das Ich „eigentlich" (Z. 13), also ganz prinzipiell und wesentlich. Ohne diese Einsicht muss „alles" (Z. 14)

Theologische Erkenntnis

ungewiss sein. Nach drei beschreibenden Strophen bietet das zweite Terzett eine theologische Erkenntnis, die das lyrische Ich als allgemein gültig versteht.

Umarmender Reim

Schweifreim

Während in den Quartetten durch den jeweils umarmenden Reim das weite Feld natürlicher und menschlicher Erscheinungen umrahmt wird, stellen die Schweifreime in den Verszeilen 11 und 14 das erkennende Denken eigens heraus. Die Pointierung der theologischen Erkenntnis auf die letzte Verszeile des Gedichts betont und verschärft noch einmal den Vanitas-Gedanken, der die Epoche des Barock und viele Gedichte von Gryphius beherrscht.

Variante des Vanitas-Gedankens

Emblematik

Gryphius bedient sich bei der Vermittlung seines Themas eines beliebten Bilder- und Gedankenspiels des Barockzeitalters, des Emblems. Die Überschrift „Einsamkeit" deutet das Thema an, das behandelt werden soll.

Metaphorik

Die Metaphorik von Ödnis und Vergänglichkeit, vermittelt durch die Erfahrungen des lyrischen Ichs, liefert dazu die Bilder der Einsamkeit, die Requisiten und die Zeichen. Das auf den Schluss pointierte Epigramm deutet Bilder und Thema im religiösen Sinn.

Epigramm

Metrum

Der pathetische Gleichklang des Alexandriners verbindet alle vier Strophen zu einer einzigen Beschwörung der Vergänglichkeit. Nur durch den Glauben ist diese zu ertragen.

Demonstration von Vanitas und Vergänglichkeit

Dieser dem barocken Leser hinreichend bekannte Gedanke wird im Sonett „Einsamkeit" vielfach und kunstvoll variiert, um seine dauernde Gültigkeit zu demonstrieren.

B Matthias Claudius: *Abendlied*

1 Der Mond ist aufgegangen,

Die goldnen Sternlein prangen

Am Himmel hell und klar.

Der Wald steht schwarz und schweiget,

Und aus den Wiesen steiget

Der weiße Nebel wunderbar.

7 Wie ist die Welt so stille,

Und in der Dämmrung Hülle

So traulich und so hold!

Als eine stille Kammer,

Wo ihr des Tages Jammer

Verschlafen und vergessen sollt.

13 Seht ihr den Mond dort stehen?

Er ist nur halb zu sehen,

Und ist doch rund und schön!

So sind wohl manche Sachen,

Die wir getrost belachen,

Weil unsre Augen sie nicht sehn.

19 Wir stolze Menschenkinder

Sind eitel arme Sünder,

Und wissen gar nicht viel.

Wir spinnen Luftgespinste,

Und suchen viele Künste,

Und kommen weiter von dem Ziel.

Gott, laß uns *dein* Heil schauen,   25

Auf nichts Vergänglichs trauen,

Nicht Eitelkeit[1] uns freun!

Laß uns einfältig werden,

Und vor dir hier auf Erden

Wie Kinder fromm und fröhlich seyn!

Wollst endlich sonder[2] Grämen   31

Aus dieser Welt uns nehmen

Durch einen sanften Tod!

Und, wenn du uns genommen,

Laß uns in Himmel kommen,

Du unser Herr und unser Gott!

So legt euch denn, Ihr Brüder,   37

In Gottes Namen nieder;

Kalt ist der Abendhauch.

Verschon' uns Gott mit Strafen,

Und laß uns ruhig schlafen!

Und unsern kranken Nachbar auch!

(1782)

1 Nichtigkeit, Unbeständigkeit
2 ohne

1 Zugang über den thematischen Schwerpunkt

Eine Methode der Interpretation ist es, sofort auf den inhaltlichen – oder besser: den thematischen – Kern eines Textes zuzugehen. Ist ein Teil des Gedichts durch ein besonderes Thema (etwa Liebe, Glaube, Leid) gekennzeichnet, vielleicht sogar in Verbindung mit einer bestimmten Form oder Textsorte? Sollte Ihnen solch ein thematischer Schwerpunkt auffallen, dann beschäftigen Sie sich gründlich damit.

✗   Wie viel Raum nimmt dieser Schwerpunkt im ganzen Text ein?

✗   Wo befindet er sich?

✗   Ist er von anderen Strophen eingerahmt?

✗   Liegt er am Anfang oder am Ende des Gedichts?

✗   Hat er eine bestimmte Sprache?

✗   Wie verhält sich dieser Schwerpunkt zum Rest des Textes?

✗   Ist er eine Folge, ein Fallbeispiel, eine Parallele oder eine Opposition zum übrigen Inhalt des Textes?

2 Arbeitsschritte

Wenn Sie dieses Gedicht von Matthias Claudius mit dem Text *Einsamkeit* von
Andreas Gryphius (siehe Seite 6) vergleichen, stellen Sie sofort zwei Dinge fest:
Das Claudius-Gedicht ist länger und wirkt auf den ersten Blick leichter verständ-
lich. Entsprechend gehen wir bei der Analyse etwas anders vor.
Vermutlich wird Ihre erste Frage sein:

1 Wie erfasse ich am besten – bei einem so langen Text – die wesentlichen
Aussagen?

Fassen Sie dazu den Inhalt jeder → Strophe so knapp wie möglich schriftlich
zusammen um zu sehen, ob sich das immer Gleiche wiederholt, ob eine Besonderheit aus der Textmasse herausragt oder ob ein Höhepunkt – vielleicht in der
Mitte oder am Ende des Gedichts – zu erkennen ist.
So wird Ihr Notizzettel in etwa aussehen:

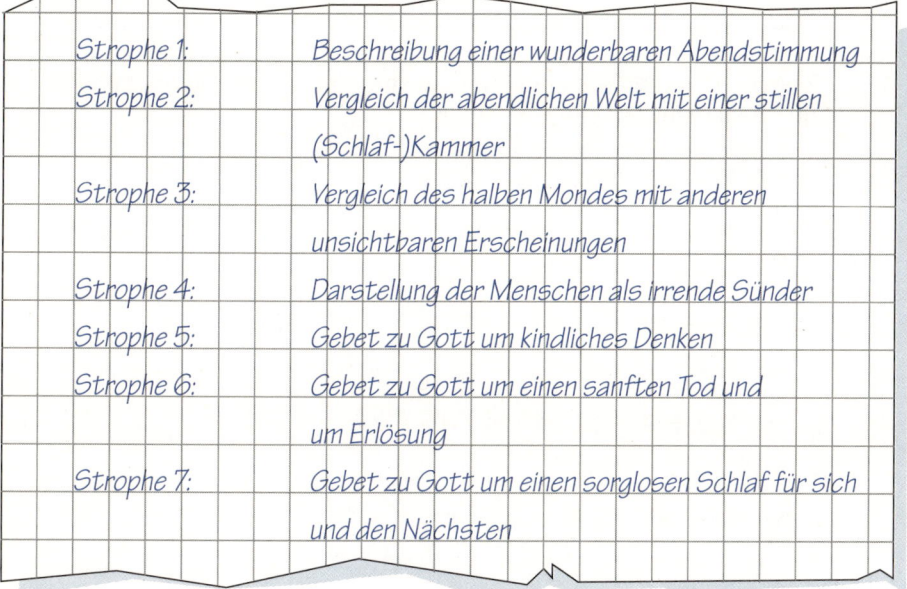

Strophe 1:	Beschreibung einer wunderbaren Abendstimmung
Strophe 2:	Vergleich der abendlichen Welt mit einer stillen (Schlaf-)Kammer
Strophe 3:	Vergleich des halben Mondes mit anderen unsichtbaren Erscheinungen
Strophe 4:	Darstellung der Menschen als irrende Sünder
Strophe 5:	Gebet zu Gott um kindliches Denken
Strophe 6:	Gebet zu Gott um einen sanften Tod und um Erlösung
Strophe 7:	Gebet zu Gott um einen sorglosen Schlaf für sich und den Nächsten

Beim Blick auf Ihre Notizen fällt Ihnen die Gemeinsamkeit der drei letzten
Strophen sicher gleich auf: Alle drei Strophen – die noch dazu am Ende des
Gedichts stehen – sind Gebete. Haken wir also gleich nach.

2   Wofür wird in den letzten drei Strophen so intensiv gebetet? Schreiben Sie die Ziele der Gebete (es sind etwa elf Punkte) ungeordnet auf die Zeilen.

_____

_____

_____

_____

_____

_____

_____

_____

3   Schreiben Sie die Ziele der Gebete in chronologischer Folge oder nach ihrer Bedeutung auf ein Blatt Papier.

Ihre Notizen sehen nun etwa so aus:

– Gottes Heil soll erblickt werden

– Vergängliches soll nicht wichtig sein

– Nichtiges (= Eitelkeit) soll keine Freude machen

– einfältig (= unkompliziert) sollen wir sein

– kindliche Frömmigkeit

– kindliche Fröhlichkeit

– unser Tod soll sanft sein, ohne Gram

– in den Himmel wollen wir kommen

– vor Strafen wollen wir verschont werden

– unser Schlaf soll ruhig sein

– auch der Nachbar soll ruhig schlafen

4   Schauen Sie sich Ihre Liste genauer an und werfen Sie zugleich immer einen Blick auf die drei Schlussstrophen. Welche Ziele stecken in den Bitten?
Unterstreichen Sie auf zwei unterschiedliche Arten die Ziele, die sich jeweils ähnlich sind / die etwas gemeinsam haben.

Das sieht dann so aus:

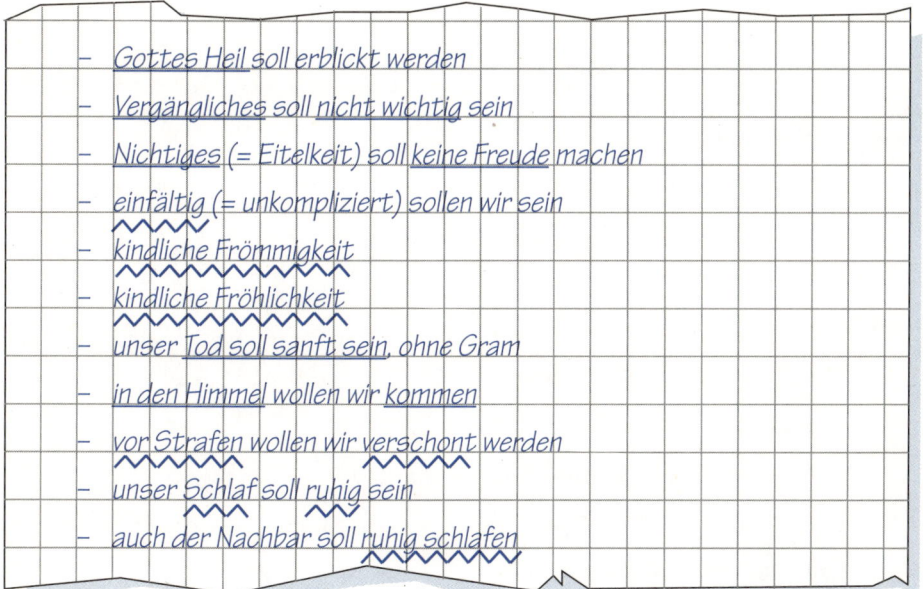

Sie sehen, dass sich fast alle Gebetsziele einem der zwei Bereiche zuordnen lassen: den einfachen, kindlichen Zielen und den eher großartigen, besonderen.

Fassen wir zusammen

In den letzten drei Strophen, die zugleich Gebete sind, richten sich die Bitten
des Sprechers auf zwei unterschiedliche Wünsche: auf recht kindliche einerseits und auf recht schwer zu erreichende andererseits.
Die kindlichen Wünsche sind: nicht bestraft zu werden, ruhig (= ohne Angst)
schlafen zu können sowie fromm, fröhlich, einfach und kindlich sein zu dürfen.
Bedeutendere Wünsche richten sich auf Lebenseinstellungen: Weder Vergängliches noch nichtiger, vergänglicher Besitz (= Eitelkeit) soll das menschliche
Leben bestimmen; der Tod soll den Menschen nicht grämen. Das Heil Gottes
(der Himmel) ist das Lebensziel der Menschen.

5   Wodurch gewinnen die Gebete ihre Wirkung? Unterstreichen Sie alles, was die Gebetsstrophen besonders eindringlich macht.

Folgende Stellen sollten Sie hervorheben:

25   Gott, laß uns *dein* Heil schauen,

Auf nichts Vergänglichs trauen,

Nicht Eitelkeit uns freun!

Laß uns einfältig werden,

Und vor dir hier auf Erden

Wie Kinder fromm und fröhlich seyn!

31   Wollst endlich sonder Grämen

Aus dieser Welt uns nehmen

Durch einen sanften Tod!

Und, wenn du uns genommen,

Laß uns in Himmel kommen,

Du unser Herr und unser Gott!

37   So legt euch denn, Ihr Brüder,

In Gottes Namen nieder;

Kalt ist der Abendhauch.

Verschon' uns Gott mit Strafen,

Und laß uns ruhig schlafen!

Und unsern kranken Nachbar auch!

Viermal wiederholt sich die Bitte *laß uns*, sechsmal beendet ein Ausrufezeichen die Anrufung Gottes. Das Possessivpronomen *unser* wiederholt sich in der → Tautologie der Schlusszeile der sechsten Strophe; die Betonung der Bitte um das göttliche Heil hat der Autor Matthias Claudius durch Kursivsetzung des Possessivpronomens *dein* in Vers 25 gleich selbst besorgt.

Aber *wer* wünscht das alles im Gedicht so eindringlich? Zur Beantwortung dieser Frage müssen Sie nach dem Sprecher des Textes, dem → lyrischen Ich, forschen.

Sie sehen richtig: Schon zu Beginn redet ein Ich, mit dem wir uns noch ausführlicher beschäftigen werden.

6 Zu wem und über wen spricht das Ich? Betrachten Sie noch einmal die drei Gebetsstrophen und unterstreichen Sie die Pronomina um zu sehen, für wen gebetet und mit wem gesprochen wird.

So sehen dann die Strophen mit Ihren Markierungen aus:

25   Gott, laß uns *dein* Heil schauen,

Auf nichts Vergänglichs trauen,

Nicht Eitelkeit uns freun!

Laß uns einfältig werden,

Und vor dir hier auf Erden

Wie Kinder fromm und fröhlich seyn!

31   Wollst endlich sonder Grämen

Aus dieser Welt uns nehmen

Durch einen sanften Tod!

Und, wenn du uns genommen,

Laß uns in Himmel kommen,

Du unser Herr und unser Gott!

37   So legt euch denn, Ihr Brüder,

In Gottes Namen nieder;

Kalt ist der Abendhauch.

Verschon' uns Gott mit Strafen,

Und laß uns ruhig schlafen!

Und unsern kranken Nachbar auch!

Die Gebete der letzten drei Strophen beziehen sich ganz deutlich auf eine Gesellschaft oder Gemeinschaft. Das zeigt der elfmalige Gebrauch des Pronomens *uns*. In diese Gemeinschaft ist Gott durch das Wort *uns* eingeschlossen. Die Vertrautheit mit Gott belegen die Anreden *du* und *dir*.

Die Gemeinschaft ist eine enge, vertraute Gruppe; sie wird mit *Ihr Brüder* bezeichnet. Dieser Gruppe gelten alle Wünsche und Ziele des Gebets. Die einzige Verszeile, aus der scheinbar kein Wunsch oder Ziel für die Gruppe an sich hervorgeht, ist die 42. Verszeile. Der kranke Nachbar wird jedoch durch das Possessivpronomen *unser* in das Gebet der Gemeinschaft einbezogen; alle anderen Wünsche gelten somit auch für den Nachbarn.

Die Frage nach der → Strophenmetrik haben Sie nun zum Teil analysiert. Am Ende steht ein dreistrophiges, inniges Gebet, das von einer Person für eine Gemeinschaft Gott vorgetragen wird. Um die Position des Gebets am Ende zu begreifen, müssen wir sehen, was dem Gebet vorausgeht und wie sich die ersten vier Strophen einteilen oder zuordnen lassen.

7   Warum stehen die Gebete komplett am Ende des Gedichts? Sind sie eine Antwort, ein Höhepunkt, eine Konsequenz oder ein Widerspruch zu den ersten Strophen?

Sehen Sie sich noch einmal die ersten vier Strophen genau an. Versuchen Sie dann, die Ergebnisse Ihres Notizzettels zu Frage 1 (siehe Seite 27) differenzierter zu fassen, indem Sie Thema und Aussage der dritten und vierten Strophe nach folgendem Muster formulieren:

1. Strophe	Thema:	Das Naturereignis des beginnenden Abends
	Aussage:	Der Abend als ein wunderbares und schönes Ereignis
2. Strophe	Thema:	Die Stille der abendlichen Welt
	Aussage:	Das Naturereignis als Trost
3. Strophe	Thema:	_____
		_____
	Aussage:	_____
		_____
4. Strophe	Thema:	_____
		_____
	Aussage:	_____
		_____

Thema der dritten Strophe ist die Wahrnehmung von Naturerscheinungen; als Aussage kann man festhalten, dass die Wirklichkeit stärker ist als unsere Wahrnehmung.
In der vierten Strophe ist der Mensch als Sünder das Thema; durch seine Fähigkeiten kommt der Mensch von seinem eigentlichen Ziel ab (= Aussage).
Die drei Gebetsstrophen folgen also einer ausführlichen Betrachtung von Naturereignissen, ihrer Wahrnehmung durch die Menschen und deren Urteils- und Verhaltensweisen. Aus diesen Sachverhalten ziehen die Gebete die Konsequenz.

Aber fragen Sie sich genauer, wie die Welt aussieht, auf die nur drei Gebete die rechte Antwort sind. Fangen Sie mit den ersten beiden Strophen an.

8   In welcher Weise werden Natur und Welt wahrgenommen, mit welchen Wörtern wird diese Wahrnehmung ausgedrückt? Unterstreichen Sie in den beiden ersten Strophen die Wendungen und Wörter, die das Naturbild vermitteln. Verwenden Sie für die verschiedenen Wortarten unterschiedliche Linien.

Das sieht dann etwa so aus:

1   Der Mond ist aufgegangen,

Die goldnen Sternlein prangen

Am Himmel hell und klar.

Der Wald steht schwarz und schweiget,

Und aus den Wiesen steiget

Der weiße Nebel wunderbar.

7   Wie ist die Welt so stille,

Und in der Dämmrung Hülle

So traulich und so hold!

Als eine stille Kammer,

Wo ihr des Tages Jammer

Verschlafen und vergessen sollt.

Es gehören zusammen:

✘   Naturphänomene und Substantive *(Mond, Sternlein, Himmel, Wald, Wiesen, Nebel, Dämmrung)*

✘   Lichtangaben und Adjektive *(goldnen, hell, klar, schwarz, weiße)*

✘   Empfindungsweisen und Adverbien *(stille, traulich, hold)*

9   Wie ist eigentlich die Art und Weise der Naturdarstellung, die sich aus den unterstrichenen Wörtern ergibt? Wenn Sie kein Ergebnis finden, dann fragen Sie sich: Woran erinnern die Substantive, woher kennen Sie Formen wie *Sternlein* sowie Farben wie *goldnen, schwarz* und *weiße*?

Fassen wir zusammen

Das → lyrische Ich beschreibt die Abendstimmung als eine Welt, die an wunderbare Darstellungen in Märchen erinnert. Das Naturereignis wird als visuelles (Farben, Bewegung) und akustisches *(stille, schweiget)* Erlebnis beschreibend wahrgenommen.

---

10   Schauen Sie noch genauer auf die erste Strophe des Gedichts. Sie besteht aus zwei Sätzen, die sie genau in der Mitte teilen. Worin besteht der inhaltliche und darstellerische Unterschied zwischen den Versen 1 bis 3 und 4 bis 6?

Vers 1 – 3:   Das Firmament wird dargestellt als *hell, klar* und *golden*.
Vers 4 – 6:   Die Natur auf der Erde wird dargestellt als *schwarz, neblig weiß, wunderbar*.

Die himmlische Welt mit ihren Gestirnen wird ganz naiv als leuchtend klar gesehen, die irdische doch etwas weniger hell. Der weiße Nebel ist zwar wunderbar, aber das bedeutet auch *zauberhaft, faszinierend, beeindruckend*. Der schweigende und schwarze Wald zeigt die Ambivalenz der Naturstimmung zwischen Unheimlichkeit und Zauberatmosphäre.

Den Vergleich der abendlichen Welt mit der *stillen Kammer*, in der des *Tages Jammer* vergessen wird, haben Sie schon auf Ihrem Notizzettel zu Frage 1 (siehe Seite 27) festgehalten. Er leitet über zu den zwei Folgestrophen, in denen die abendliche Welt ganz anders wahrgenommen wird.

11   Wie schildert das lyrische Ich in der dritten und vierten Strophe die Menschen sowie ihre Art, Welt und Natur wahrzunehmen? Unterstreichen Sie die Wörter farbig, mit denen das Ich die Menschen charakterisiert.

Folgende Wörter werden Sie unterstrichen haben:

13   Seht ihr den Mond dort stehen?

Er ist nur halb zu sehen,

Und ist doch rund und schön!

So sind wohl manche Sachen,

Die wir getrost <u>belachen</u>,

Weil unsre Augen sie <u>nicht sehn</u>.

19   Wir <u>stolze</u> Menschenkinder

Sind <u>eitel</u> <u>arme</u> Sünder,

Und <u>wissen gar nicht viel</u>.

Wir <u>spinnen Luftgespinste</u>,

Und <u>suchen viele Künste</u>,

Und <u>kommen weiter von dem Ziel</u>.

12   Wie redet das Ich in der dritten und vierten Strophe über die Naturerscheinung des halben Mondes?

Welt und Naturerscheinung werden nicht mehr märchenhaft erlebt – und nicht mehr fasziniert beschrieben. Einer Frage nach dem Mond, die eher eine Aufforderung zur Betrachtung ist, folgt sofort der Hinweis auf die sichtbare und die wirkliche Gestalt des Mondes. Nunmehr wird ein Vergleich mit der allgemeinen menschlichen Wahrnehmungsweise gezogen, der über die Anrede *ihr* zu einer Argumentation führt: Der Mensch soll begreifen, dass es Tatsachen gibt *(wohl manche Sachen)*, die wahr sind, auch wenn man sie wie die unsichtbare Mondhälfte nicht immer sehen und begreifen kann.

13   Was könnte mit „so (…) manche(n) Sachen" gemeint sein? Überlegen Sie, worauf das Ich, das auch der Sprecher der drei Gebetsstrophen am Ende des Textes ist, anspielt.

Gemeint können theologische Vorstellungen sein wie *Gott* oder der *Glaube*. Dies sind die unsichtbaren „Sachen", die belacht werden. Sie existieren für den Sprecher, auch wenn sie unsichtbar sind.

┌─ **Fassen wir zusammen** ─────────────────

In den ersten beiden Strophen des Gedichts *Abendlied* lässt Matthias Claudius ein → lyrisches Ich ganz einfach und märchenhaft den Beginn der Nacht erleben. Dieses Naturerlebnis wird schlicht beschrieben. Die „himmlische" Seite der Natur beherrscht die erste Hälfte der ersten Strophe. *Klar, hell* und *golden* ist der Himmel. Die zweite Strophenhälfte begnügt sich ebenfalls mit beschreibender Beobachtung: *Schwarz* und *schweigend, nebelhaft weiß* wird die Stimmung genannt, die die „irdische" Natur beherrscht. Kennzeichen dieser einfachen und zugleich wunderbaren Welt ist die Empfindung der Stille. Sie wird in der zweiten Hälfte der zweiten Strophe mit einer Schlafkammer verglichen, in der der Mensch geborgen ist und des *Tages Jammer* vergessen darf.
Dabei spricht das Ich noch ungenannte Gefährten vertraut an *(ihr)*. Sie sollen den Mond, der nur halb zu sehen ist, betrachten und dabei erkennen, dass auch Glaube und Gott unsichtbar sind, aber wie der ganze Mond existieren. Die Menschen wissen im Grunde nichts, weil sie ihr ganzes Denken und Können vom wirklichen Ziel, der Erlösung, forttreibt. Besser sollten Sie – so erbittet es das Ich in den letzten Strophen – einfach, fröhlich und gläubig sein, um nach ihrem Tod in den Himmel zu kommen.

Damit sind wir wieder bei unserem Ausgangspunkt. Einiges liegt noch im Dunkeln. Fragen Sie sich jetzt, was Ihnen noch nicht schlüssig erscheint, was Sie am Ergebnis stört oder irritiert. Mindestens eine der folgenden Fragen werden Sie vermutlich stellen:

✗   Warum stehen die Gebete so massiert am Ende des Gedichts?

✗   Was lässt sich über das Verhältnis von Sprecher und Angesprochenen sagen?

Gehen wir bei der Suche nach den Antworten wieder der Reihe nach vor.

14   Warum stehen die Gebete so massiert am Ende des Gedichts?

Das Gebet beinhaltet mehr als die Bitte um Aufnahme ins Paradies. Es formuliert
eine Lebenshaltung, die Antwort auf *Luftgespinste* und *Künste* der Menschen
gibt und zugleich in ihrem Tonfall an die Betrachtungsweise der ersten Strophe
anschließt.
Das Gebet setzt Einfalt (vgl. Vers 28) – das ist positiv im Sinne von *geradlinig*
gemeint –, Fröhlichkeit (vgl. Vers 30) und Gelassenheit (vgl. Vers 31 bis 33, *endlich*)
gegen die Wissenschaftsgläubigkeit der Menschen (vgl. Vers 22 bis 24).
Kindlichkeit (vgl. fünfte Strophe) und naive Betrachtung der Welt (vgl. erste Strophe) sind die Voraussetzung für den „richtigen" Umgang mit Natur und Mensch.
Dabei lässt Claudius das Ich ganz rational argumentieren: Der schon oft zitierte
Vergleich der halben Mondsichel (vgl. Vers 13 bis 15) mit dem Glauben (vgl. Vers
16 bis 18) ist ein raffiniertes Beispiel dafür, wie eine wissenschaftliche Wahrheit
zur Kritik umfunktioniert wird. Claudius kritisiert mit einem wissenschaftlichen
Beispiel, dass die Wissenschaft über die Religion spottet. Drei innige, drängende
Gebetsstrophen bekräftigen, dass der Glaube die einzig richtige Sichtweise der
Welt ist. Diese Art der Betrachtung steht am Ende eines *Abendliedes*, das den All-
tag zum Gegenstand hat.

15   Aber wer ist das, der hier so eindringlich spricht? Notieren Sie, wie die
Angesprochenen bezeichnet werden und schließen Sie daraus auf den
Sprecher des Textes.

Das werden Sie notiert haben:

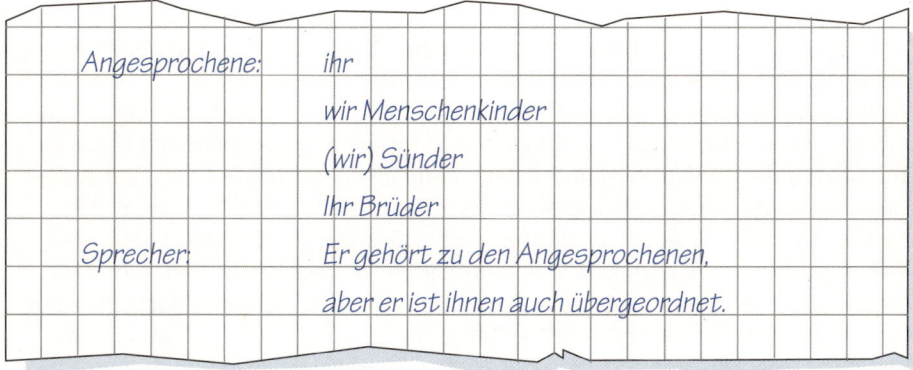

Angesprochene: ihr

                        wir Menschenkinder

                        (wir) Sünder

                        Ihr Brüder

Sprecher: Er gehört zu den Angesprochenen,

                        aber er ist ihnen auch übergeordnet.

16   In welcher Weise und in welchem Tonfall wird mit den so Bezeichneten
gesprochen?

Der Sprecher teilt mit (Strophe 1), vergleicht (Strophe 2), fragt und fordert auf
(Strophe 3 und 7) – er betet vor, er betet für alle: die Gruppe und andere (= den
Nachbarn). Er nimmt eine herausgehobene Position in der Gemeinschaft der
Angesprochenen ein. Er erklärt seinen „Brüdern" die Welt und das Leben.

Damit haben Sie schon sehr viel erkannt. Noch mehr Tiefgang und einen runden
Schluss verleihen Sie Ihrer Interpretation, wenn Sie auch literaturgeschichtliche
Kenntnisse (z. B. am Anfang oder am Ende Ihres Aufsatzes) einbringen können.

Matthias Claudius – Empfindsamkeit – Abendlied

Matthias Claudius (1740 – 1815) stammte aus einer Pfarrersfamilie. Nach
einem abgebrochenen, aber gründlichen Studium in Theologie und Jura
konnte er jahrelang beruflich nicht recht Fuß fassen. Eine ungeliebte Stelle
als Revisor bot ihm dann reichlich Gelegenheit zu literarischer Arbeit. Als
Herausgeber der Zeitschrift „Der Wandsbecker Bothe" zwischen 1771 und
1775 konnte er nicht nur bedeutende Autoren seiner Zeit (zum Beispiel
Goethe, Klopstock, Voß, Schlegel und Herder) als Mitarbeiter gewinnen,
sondern auch sich selbst eine literarische Bühne für seine Werke schaffen.
Seine human geprägte Lyrik erreichte alle Bildungsschichten. Die späten
Schriften, die er unter dem Pseudonym *Asmus* herausgab, sind von ernsten
Tönen in Fragen der Weltanschauung geprägt.

Empfindsamkeit heißt die geistige Strömung in der Literaturgeschichte, der
Claudius besonders nahe steht. Die Empfindsamkeit ist sowohl Teil als auch
Widerpart der Epoche der Aufklärung. Die aufklärerische Maxime Immanuel
Kants („Habe Mut, dich deines eigenen Verstandes zu bedienen!") führt im
18. Jahrhundert besonders unter den evangelischen Christen zu einer aufge-
klärten (= kritischen) Haltung gegenüber Institutionen und Personen der
Amtskirchen. Nicht Atheismus, aber eigenständige, individuelle Glaubens-
haltungen werden entwickelt, eigene religiöse Wege gesucht, bei denen die
Empfindung und das Gefühl eine große Rolle spielen. Diese literarischen Formen weisen die Empfindsamkeit – zumindest bei Claudius – als eine späte
Variante des Pietismus aus. Wie der Pietismus sich gegen dogmatische Kir-
chenlehren wendet und eine Kultur subjektiv-religiösen Erlebens pflegt, so
wendet sich die Strömung der Empfindsamkeit gegen die verstandesbetonte
Seite der Aufklärung. An der Aufklärung schätzt der empfindsame Dichter die
Hervorhebung des Individuums und seiner Rechte. Das persönliche Gefühl
soll unabhängige Einsichten ermöglichen. Die Empfindsamen schwanken
zwischen genussvoller Melancholie und ergriffenem Enthusiasmus.

Das Abendlied gehört in die noch aus dem 17. Jahrhundert stammende pietistische Tradition der Hausandachten. Die Pietisten wollen sich nicht an kirchlichen Streitigkeiten um Dogmen beteiligen, sondern sich brüderlich zugetan sein, weniger vernunftbestimmt als gefühlsbetont glauben. Sie gründen fromme Zirkel, in denen gebetet und religiös empfunden wird. Sie schwanken zwischen traurigen Stimmungen wegen ihrer Sündhaftigkeit und mitteilsamer Freude, wenn sie sich im Zustand der Sündlosigkeit fühlen. Nicht ihr Verstand, sondern das Herz erkennt, was wahr ist. Literarisch äußert sich der Pietismus in einer Literatur der unmittelbaren Herzenserlebnisse. Dazu gehören Briefe, Traktate, Bekenntnisse, Reisebetrachtungen, Briefromane, geistliche Lieder und Abendlieder. Abendlieder gehören zur Hausvaterliteratur, die in der Empfindsamkeit wieder aufblüht. Dieser Liedtyp greift bis auf die antike Tradition der Nachtfeier zurück und ist im christlichen Abendhymnus verwurzelt. Er beruht auf einer Lebensform des „ganzen Hauses", die zu Zeiten von Claudius (Aufklärung, Französische Revolution) in Auflösung begriffen ist. Vor der Aufklärung wohnten die Menschen weitgehend in einer Familien- und Hausgemeinschaft. Der natürliche Vorstand dieser Gemeinschaft war der patriarchalisch für alle sorgende und entscheidende Familienvater, der die Arbeit organisierte und auf das Seelenheil aller achtete. Die Trennung von Arbeit und Wohnung bringt die Kleinfamilie hervor. Berufe entstehen, die keinen agrarischen Hintergrund mehr haben, wie Notare, Ärzte, Beamte. Ein die Welt deutendes und alle Mitbewohner der Gemeinschaft vor Einbruch der Nacht tröstendes Abendlied wird nun nicht mehr gebraucht.

Zusammen mit diesen Infos haben Sie nun genügend Material und Zwischenergebnisse gesammelt, um eine Gesamtinterpretation des Gedichts zu formulieren. Versuchen Sie es zunächst selbstständig, bevor Sie Ihre Analyse mit dem folgenden Aufsatzbeispiel vergleichen. Darin wird das Interpretationsziel vom Schluss des Textes aus angepeilt – Sie können Ihre Arbeitsschritte natürlich auch anders anordnen. Viel Glück!

3   Aufsatzbeispiel

Einleitung: formale Beobachtung	Das Gedicht „Abendlied" von Matthias Claudius endet mit drei Strophen, die jeweils ein Gebet enthalten. Schon formal haben die Gebete ein großes Gewicht: Es sind die drei Schlussstrophen von den insgesamt sieben Strophen, aus denen der Text besteht.
Gebets- / Wiederholungs- formeln	Die Gebete werden sehr ausdrucksstark vorgetragen. Sechs Ausrufezeichen beschließen die Anrufung Gottes; viermal wird die Bittformel „laß uns" (vgl. Z. 25, 28, 35, 41) verwendet.
	Die Bitten des lyrischen Ichs, das diese Gebete spricht, zielen auf zwei verschiedene Arten von Wünschen: auf kindliche und auf „bedeutende" Wünsche. Kinderwünsche sind die Verschonung vor Strafe (vgl. Z. 40), ohne Angst schlafen zu können (vgl. Z. 41) und fröhlich sein zu dürfen (vgl. Z. 30).
Lebenseinstellungen	Die „bedeutenden" Wünsche enthalten wesentliche Einstellungen zum Leben: „Eitelkeit" (vgl. Z. 27), also vergängliches Gut (z. B. Besitz), soll nicht das Wichtigste im Leben sein. Der Tod soll gefasst erlebt werden (vgl. Z. 31 – 33); das Lebensziel der Menschen soll Gottes Heil sein (vgl. Z. 25 und Z. 35).
	Warum steht ein so langes, intensives und vielfältiges Gebet am Ende dieses „Abendlieds"?
Rolle des lyrischen Ichs	Das dreistrophige Schlussgebet ist die Antwort auf die vorangehenden vier Strophen, in denen das Ich zu einer Gemeinschaft von Menschen („ihr", Z. 13 und öfter) spricht und ihr vorbetet.
Analyse der 1. Strophe	In der ersten Strophe beschreibt das Ich die Stimmung des Abends und der beginnenden Nacht als eine Welt der märchenhaften, faszinierenden Natur.
Strophenbau	Die gleichmäßigen Schweifreimstrophen vermitteln eine besondere Ruhe des Naturschauspiels.
Satzbau	Auch der schlichte Satzbau deutet auf einen im Grunde selbstverständlichen und einfachen Vorgang,

	der ganz gegen die Gewohnheit des Jahrhunderts der Aufklärung mit einer wissenschaftlich überholten Formel beginnt: „Der Mond ist aufgegangen" (Z. 1). Aber so ist die ganze erste Strophe angelegt.
Vokabular	Die Substantive „Mond", „Sternlein", „Himmel", „Wald", „Wiesen" und „Nebel" geben komplexe Naturvorgänge oder -erscheinungen so einfach wie möglich wieder. Der Diminutiv „Sternlein" (Z. 2)
Farben / Lichtwerte	sowie die Märchenfarben „goldnen" (Z. 2), „schwarz" (Z. 4) und „weiße" (Z. 6) verleihen dem abendlichen Schauspiel den Glanz kindlicher Bilder. Der kindlich-bewundernde Ton ergibt sich durch
Beschreibung	die rein deskriptive Darstellung: So sieht man die Welt, so schön und still ist sie.
Visuelle / akustische Wahrnehmung	Die visuelle und akustische Wahrnehmung der Natur und der Welt bedeutet ein wunderbares Erlebnis, begleitet von der etwas unheimlichen Stimmung des schweigenden schwarzen Waldes und der „wunderbar(en)" (Z. 6), also zauberischen weißen Nebel
Naturbild	in den Wiesen. Die himmlische Hälfte dieses Naturbildes ist dagegen ganz „hell und klar" (Z. 3).
Analyse der 2. Strophe	In der zweiten Strophe erklärt das Ich diese Welt als einen Ort der Geborgenheit. Ihre Stille (vgl. Z. 7) entspricht der Geborgenheit einer Schlafkammer (vgl. Z. 10), in der „des Tages Jammer" (Z. 11) über Nacht vergessen wird.
Weltbild des Ichs	Genauso beruhigend ist die kommende Nacht. Die Dämmerung verhüllt die Welt (vgl. Z. 8), die „traulich und so hold" (Z. 9) – also Vertrauen erweckend und den Menschen gewogen – wird.
Analyse der 4. Strophe	Dieses schöne Weltbild wird jedoch in Frage gestellt, denn sonst bedürfte es nicht der am Ende des Gedichts auftauchenden Gebetsstrophen. Nicht der Sprecher allein bezweifelt seine Beschreibung von Welt und Natur, sondern die Allgemeinheit tut es, in die er sich andererseits selbst einbezieht („wir", Z. 17 und öfter).
Menschenbild des Ichs	Mit diesem „Wir" bezeichnet das lyrische Ich alle Menschen seiner Zeit, der Epoche der Aufklärung.
Epochenkritik des Ichs	Diese Menschen werden deutlich als „eitel" (= nichtig), als „arme Sünder" und als unwissend

charakterisiert (vgl. Z. 20f.). Sie sind gefangen in Theorien, „Luftgespinste(n)" (Z. 22) und Experimenten (= „Künste", Z. 23), die zu nichts führen.

Analyse der 3. Strophe

Warum sind die Menschen so? Die dritte Strophe gibt die Antwort: Weil sie nur als existent akzeptieren, was sie sehen können und deshalb „manche Sachen" (Z. 16) wie Glaube, Religion oder Gott „belachen" (Z. 17).

Argumentation des Ichs

Über die auffordernde Frage an noch ungenannte Gefährten – „Seht ihr den Mond dort stehen?" (Z. 13) – beginnt das Ich eine raffinierte Argumentation. Es benutzt die wissenschaftliche Tatsache, dass der Mond mehr als die gerade sichtbare Hälfte ist, um gegen die Aufklärung und ihren wissenschaftlichen Spott über die Religion Front zu machen.

Vergleiche

Der Vergleich des unsichtbaren ganzen Mondes mit der Wahrheit des Glaubens stellt eine rationale Verteidigung des schlichten Glaubens an die Schöpfung, wie sie die erste Strophe beschworen hat, dar. Jede andere Denkweise führt deshalb „weiter von dem Ziel" (Z. 24).

Analyse der Gebetsstrophen
Possessivpronomen

In den drei letzten Strophen des Gedichts – den Gebetsstrophen – wird das eigentliche Ziel formuliert. Das Possessivpronomen „dein" (Z. 25) ist als einziges Wort im Gedicht durch Schrägdruck hervorgehoben – genau an der Stelle, wo das lyrische Ich um Gottes Heil bittet.

Wiederholungen

Der elfmalige Gebrauch von „uns" (Z. 25 und öfter) betont eine Gemeinschaft, die sich im rechten

Tautologie

Glauben sieht, deren Gott tautologisch verstärkend „Herr und (…) Gott" (Z. 36) genannt wird. Neben der Bittgemeinschaft wird der kranke „Nachbar" (Z. 42) am Ende ins Gebet einbezogen.

Bezug zur 1. Strophe

Vor allem aber knüpft das Ich am Ende des Textes hinsichtlich des Tonfalls an die Naivität der ersten Strophe an. Kindlichkeit, Fröhlichkeit und Unkompliziertheit sind die Glaubensideale der Gemeinschaft.

Hinweis auf Sozialgeschichte

Diese Gemeinschaft lebt jedoch in einer besonderen Weise zusammen. Es ist die im 18. Jahrhundert sich auflösende Lebensform des „ganzen Hauses", die Claudius im Gedicht durch das lyrische Ich beschwören lässt. Vor dem Beginn der gefürchteten Nacht – nur zu verständlich in einer Zeit ohne Strom und Telefon – tröstet der Sprecher des Gebets die „Brüder" (Z. 37), die zugleich „Menschenkinder" (Z. 19) und „Sünder" (Z. 20) sind. Das „Abendlied" ist auch deshalb Trost für sie, weil es ihnen die Welt schlichter erklärt als sie in Wirklichkeit ist.

C Johann Wolfgang von Goethe: *Auf dem See*

1 Ich saug' an meiner Nabelschnur
Nun Nahrung aus der Welt.
Und herrlich rings ist die Natur,
Die mich am Busen hält.
5 Die Welle wieget unsern Kahn
Im Rudertakt hinauf,
Und Berge, Wolken angetan
Entgegnen unserm Lauf.

Aug mein Aug, was sinkst du nieder?
10 Goldne Träume, kommt ihr wieder?
Weg, du Traum, so gold du bist,
Hier auch Lieb und Leben ist.
Auf der Welle blinken
Tausend schwebende Sterne,
15 Liebe Nebel trinken
Rings die türmende Ferne,
Morgenwind umflügelt
Die beschattete Bucht,
Und im See bespiegelt
20 Sich die reifende Frucht.

(Tagebuchfassung 1775)

Und frische Nahrung, neues Blut
Saug ich aus freier Welt;
Wie ist Natur so hold und gut,
Die mich am Busen hält!
Die Welle wieget unsern Kahn
Im Rudertakt hinauf,
Und Berge, wolkig himmelan,
Begegnen unserm Lauf.

Aug, mein Aug, was sinkst du nieder?
Goldne Träume, kommt ihr wieder?
Weg, du Traum! so gold du bist;
Hier auch Lieb und Leben ist.

Auf der Welle blinken
Tausend schwebende Sterne,
Weiche Nebel trinken
Rings die türmende Ferne;
Morgenwind umflügelt
Die beschattete Bucht,
Und im See bespiegelt
Sich die reifende Frucht.

(entstanden 1784/85; gedruckt 1789)

1   Zugang über die Literaturgeschichte

Im Abitur wird erwartet, dass Sie Texte nicht nur → werkimmanent analysieren, sondern sie auch aus ihrer Entstehungszeit heraus kommentieren können. Das gilt für motivgleiche Gedichte aus verschiedenen Epochen oder für verschiedene Fassungen eines Gedichts, die jeweils miteinander zu vergleichen sind.

Daher brauchen Sie zu den wichtigsten Epochen und ihren Autoren ein bestimmtes Grundwissen. Zu Goethes *Auf dem See* simulieren wir hier, was Sie als Voraussetzungen zu diesem Text wissen könnten bzw. was Ihnen in der Prüfung als Hilfestellung angegeben würde.

Das Veröffentlichungsjahr des Gedichts *Auf dem See* liegt am Ende des Sturm und Drang. Der Beginn der anschließenden Epoche „Weimarer Klassik" wird meist auf das Jahr 1786 datiert. Es ist der Zeitraum von Goethes erster Italien-Reise, in deren Verlauf der Kern seines Werks *Iphigenie* entstand. Von *Auf dem See* gibt es auch eine frühere Fassung aus dem Jahr 1775, die sich in einigen Versen und in der Stropheneinteilung von der Spätfassung bemerkenswert unterscheidet. Wir werden sie in die Interpretationsübung einbeziehen.

Epochenübersicht Sturm und Drang

Die Epoche des Sturm und Drang ist die Zeit der jungen Männer, die sich genialisch geben und einen Geniekult treiben. Individualität und Originalität werden vom Künstler erwartet. Wenn er sie in seinem Werk verkörpert, gilt er als „Originalgenie".

- Hauptzeit der Produktion: 1770 – 1776; die Sturm-und-Drang-Dramen Schillers fallen jedoch schon in die 80er Jahre. Überhaupt sollten Sie bei der Zuordnung von Texten zu einer Epoche weniger auf Daten als auf Stileigenheiten sowie Merkmale von Ausdruck und Sprache achten, denn die Übergänge zwischen Epochen sind meist fließend. Strömungen wie Aufklärung, Empfindsamkeit und literarisches Rokoko gehen dem Sturm und Drang voraus, überschneiden sich mit ihm und treten auch später noch auf. Autoren der Klassik wie Goethe und Schiller haben auch Werke verfasst, die zu diesen Strömungen gehören.

- Haltung der Vertreter des Sturm und Drang gegenüber anderen Strömungen: Ablehnen der Aufklärung mit ihrer Regel- und Musterpoetik. An der Empfindsamkeit stört sie die → elegische Stimmung. Das literarische Rokoko wird im negativen Sinn als „künstliche Dichtung" gesehen.

- Politik: Kein unmittelbares politisches Engagement; nur verbal aufbegehrend, z. B. Schiller in *Die Räuber* (Motto: *in tyrannos* – gegen die Tyrannen).

- Geistige Einstellung: Individualität, Intuition, Genialität und Natürlichkeit sind die künstlerischen / persönlichen Ideale. Die Befreiung der Gefühle soll durch Literatur geschehen; überlebte Formen des Schreibens sollen zerbrochen werden.

- Herkunft: Dichter aus dem Kleinbürgertum (Ausnahme: Goethe) brechen in die Domäne der schreibenden Theologen und Großbürger ein.

- Themen: Die Werke – vor allem die Dramen – sind sozialkritisch akzentuiert. Thematisiert wird die Lage der Hauslehrer (Lenz: *Der Hofmeister*), der Soldaten (Lenz: *Die Soldaten*) oder der ledigen Mütter (Wagner: *Die Kindsmörderin*). Gesellschaftliche Autoritäten wie Politiker oder Eltern werden kritisch gesehen (Schiller: *Kabale und Liebe*). Aufbegehren auch gegen religiöse Autoritäten; bezeichnend hierfür ist Goethes → Hymne *Prometheus*, ein Beispiel der → Rollenlyrik, in der das → lyrische Ich in der Rolle des Prometheus Zeus anklagt und verhöhnt.

- Ziele: Die Ablehnung der „mechanischen" Denkweise der Aufklärung führt zu einem Kult des Irrationalismus. Gefühlstiefe wird als Wert empfunden; Intuition und Expression werden Grundlage von Dichtung. Die Aussage des Schriftstellers Hamann: „Denken Sie weniger, leben Sie mehr!" wird zum Wahlspruch des Sturm und Drang.

- Einflüsse: Die Ideen von Jean-Jacques Rousseau werden von den Autoren begeistert aufgenommen. Kennzeichnende Elemente sind:
  - Sehnsucht nach natürlicher Einfachheit
  - Hass auf die Zivilisation, auf zivilisatorische Enge sowie auf die Ethik der Nützlichkeit
  - Schwärmerische Naturbegeisterung; die freie Welt und die Lebenskraft der Natur werden zu einem sehnsüchtig erstrebten Ideal.
  - Die Natur gilt als das Gegenteil von Vernunft, als Verkörperung wahrer Poesie.

- Formen der Lyrik: Ablehnung aller formstrengen Dichtung; Bevorzugung von freien Hymnen, Liedern, Balladen; Naturlyrik als Erlebnislyrik.

- Sprache: Sprache als Offenbarung eines Seelenzustands, eines Erlebnisses; Bevorzugung kühner Bilder und Metaphern, biblischer Sprachwendungen.
  - Sprache einer bewegten Natur: Wälder *sinken*, Felsen *bücken sich*, Sterne *quellen auf*
  - → Neologismen: *Sternenblick, Marmorfelsen, entgegenglühen, entlangrauschen*
  - → emphatische Sprechweise, Ausrufe, Imperative

- Wichtige Autoren: Goethe, Schiller, Hamann, Lenz, Wagner, Klinger (sein Drama *Sturm und Drang* – ursprünglich *Der Wirrwarr* – gab der Epoche den Namen).

Goethes Gedicht Auf dem See – *biografischer Hintergrund*

Goethe war ab Anfang 1775 mit Lili Schönemann, einer Frankfurter Bankierstochter, verlobt, doch mischen sich in seinen Lili-Gedichten Glücksempfindungen mit verwirrter Ratlosigkeit. Zwei Welten waren im Hause Schönemann aufeinander gestoßen: die einer arrivierten Kaufmannsgesellschaft und die des akademisch gebildeten Dichters aus der intellektuellen Oberschicht, der zugleich ein leidenschaftlicher Wanderer und Naturbewunderer war. Goethe war es unbegreiflich, wie Lili „Natürlichkeit und Gesellschaft" sowohl innerlich als auch in ihrem Haus vereinen konnte. Er, der mehr wollte als ein gesellschaftlich gehobenes Leben, konnte Lili nicht recht einschätzen. Seine Freiheit machte ihm ebenso viele Sorgen wie seine Furcht, sich an Lili dauerhaft zu binden. In dieser Situation erhielt er eine Einladung dichtender Freunde, der Grafen Stolberg und Haugwitz, eine Reise in die Schweiz zu unternehmen (sog. „Geniereise"). Die Reise sollte zur Probe werden, ob Goethe Lili entbehren könne. Naturerlebnisse wie der Aufstieg zum Gotthard-Pass und die Ruderpartie auf dem Zürcher See am 17. Juni 1775 prägten die Reise. Im Herbst 1775 löste Goethe die Verlobung mit Lili. Die Weimarer Zeit beginnt.

2 Arbeitsschritte

Nehmen wir an, Sie sollen in einer Prüfung Goethes Gedicht *Auf dem See* analysieren und einer literarischen Epoche zuordnen. Dabei ist es nebensächlich, ob Ihnen eine oder beide Fassungen vorgelegt werden. Wir wollen hier aus praktischen Gründen zunächst nur mit einer Fassung arbeiten – und zwar mit der späteren (rechte Spalte).
Ein Blick auf das Datum der zweiten Fassung und die sorgfältige Lektüre deuten auf eine bestimmte Epochenzugehörigkeit des Textes hin. Wenn Sie sich in der Literaturgeschichte ein wenig auskennen, dann wissen Sie, dass die Empfindsamkeit wegen des viel zu forschen Tons nicht in Frage kommt, ebenso wenig die Romantik. Bleibt also die Epoche des Sturm und Drang oder die frühe Klassik. Jetzt wollen wir es genauer wissen.

Natur und individuelles Ich stehen bei den Vertretern des Sturm und Drang im Mittelpunkt des Denkens. Sie sehen sofort, dass die Natur im Gedicht eine Hauptrolle spielt, vor allem in der ersten und letzten Strophe. Betrachten Sie also diese Strophen, um die Naturbilder aufzulösen und den Text einzuordnen. Beginnen Sie mit der ersten Strophe.

1   Welches Bild der Natur erlebt das sprechende Ich in der ersten Strophe? Welche Rolle spielt die Natur für das Ich?

Sie stellen sofort fest, dass das Ich von der Natur – der *freien Welt* (vgl. Zeile 2) – lebt und begeistert ist. In der zweiten Strophenhälfte nähert sich das Ich rudernd immer mehr den Naturphänomenen.
Wenn Sie dieses Grundbild nicht gleich erkannt haben, helfen Ihnen die nächsten Schritte weiter, die zugleich die Beweisführung dieser Beobachtung sind. Sehen wir also genauer hin. Ein Seitenblick auf die ältere Fassung kann dabei helfen.

2   Markieren Sie alle Wörter und Sprachbilder, die die Mutterrolle der Natur belegen.

Folgende Wörter sollten Sie markiert haben:

1 Und frische Nahrung, neues Blut
   Saug ich aus freier Welt;
   Wie ist Natur so hold und gut,
   Die mich am Busen hält!
5 Die Welle wieget unsern Kahn
   Im Rudertakt hinauf,
   Und Berge, wolkig himmelan,
   Begegnen unserm Lauf.

Ich saug' an meiner Nabelschnur
Nun Nahrung aus der Welt.
Und herrlich rings ist die Natur,
Die mich am Busen hält.

Die Natur als „Mutter Natur" ist ein bekannter literarischer → Topos, der hier neu aufgenommen wird. Dass die Natur aber besonders begeistert als vitales Element sowie als ein Vitalität verleihendes Phänomen wahrgenommen wird, ist ein Kennzeichen des Sturm und Drang.

3   Notieren Sie nun alle formalen Kennzeichen (Syntax, Metrum, Ausdruck, Perspektivik, Stilfiguren etc.), die in der ersten Strophe der späten Fassung auf die Empfindungs- und Sprechweise dieser Epoche hinweisen.

48

So könnte Ihr Notizzettel aussehen.

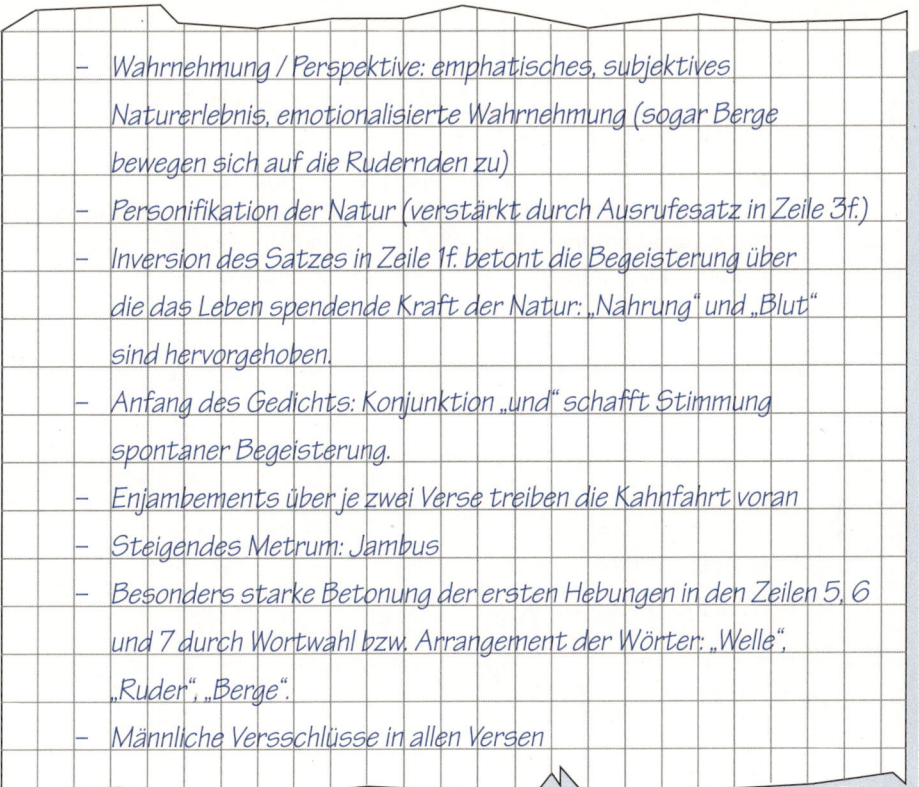

– Wahrnehmung / Perspektive: emphatisches, subjektives
  Naturerlebnis, emotionalisierte Wahrnehmung (sogar Berge
  bewegen sich auf die Rudernden zu)
– Personifikation der Natur (verstärkt durch Ausrufesatz in Zeile 3f.)
– Inversion des Satzes in Zeile 1f. betont die Begeisterung über
  die das Leben spendende Kraft der Natur: „Nahrung" und „Blut"
  sind hervorgehoben.
– Anfang des Gedichts: Konjunktion „und" schafft Stimmung
  spontaner Begeisterung.
– Enjambements über je zwei Verse treiben die Kahnfahrt voran
– Steigendes Metrum: Jambus
– Besonders starke Betonung der ersten Hebungen in den Zeilen 5, 6
  und 7 durch Wortwahl bzw. Arrangement der Wörter: „Welle",
  „Ruder", „Berge".
– Männliche Versschlüsse in allen Versen

4 Welche Aussagen über das Verhältnis des Ichs zur Natur lassen sich aus Ihren Notizen als erste Bilanz formulieren?

── Fassen wir zusammen ──

Die erste Strophe beginnt unvermittelt und naturbegeistert. Das Ich wendet sich in ekstatisch gesteigertem Ton der *freien Welt* zu, die es mit der Natur gleichsetzt. Bilder aus der organischen Natur weisen auf ein Mutter-Kind-Verhältnis hin, das das lyrische Ich emphatisch als eine Art „Naturkindschaft" begrüßt. Die personifizierte Natur gibt, der Mensch nimmt (vgl. Zeile 1 bis 4); die Natur nähert sich dem Menschen (nicht umgekehrt), der Mensch erlebt sie (Zeile 5 bis 8).

In der dritten Strophe geht es ebenfalls um die Natur. Also sind an diese Strophe ähnliche Fragen zu stellen um herauszufinden, was gleich oder was anders ist beim Naturbild des Ichs.

5   Welches Naturbild herrscht in der dritten Strophe vor?

Vielleicht fällt Ihnen nicht sofort eine griffige Formulierung für die andere Art von Naturbetrachtung ein, die hier im Gegensatz zur ersten Strophe vorliegt. Sie ahnen wohl etwas von *Ausgeglichenheit* oder *Schwebezustand*. Um zu einer begrifflich fassbaren Erkenntnis zu gelangen, müssen Sie wieder genau hinsehen.

6   Markieren Sie alle Verben und Adjektive, die die Naturerscheinungen und Landschaftsformen näher charakterisieren.

So etwa wird Ihr Text jetzt aussehen:

> Auf der Welle blinken
>
> Tausend schwebende Sterne,
>
> 15   Weiche Nebel trinken
>
> Rings die türmende Ferne;
>
> Morgenwind umflügelt
>
> Die beschattete Bucht,
>
> Und im See bespiegelt
>
> 20   Sich die reifende Frucht.

7   Ordnen Sie die markierten Wörter nun nach den genauen grammatischen Kategorien (*konjugierte Verben, Partizipien, Adjektive*).

Konjugierte Verben: *blinken, trinken, umflügelt, bespiegelt*
Partizipien: *schwebende, türmende, beschattete, reifende*
Adjektive: *weiche*

8   Wie werden Landschaft und Naturerscheinungen durch diese grammatischen Kategorien vom Ich betrachtet und dem Leser vermittelt?

Alle Gegensätze der Landschaft sind überspielt oder in der Schwebe gehalten.
Die Sterne scheinen nicht, sondern sie werden reflektiert, sie *blinken*; die Bucht
ist nicht klar erkennbar, sie liegt *beschattet* etc.
Das Vokabular ändert auch → Metrum und → Versschlüsse.

9   Skandieren Sie die dritte Strophe! Was fällt Ihnen dabei hinsichtlich
des Metrums auf?

→ Trochäen und → Daktylen wechseln sich ab; man spricht von *daktylisch auf-
gelockerten Trochäen*. Die fallenden Metren regieren. Die Trochäen eilen dem
Versschluss zu, die Daktylen verzögern. Erst am Ende der Strophe finden sich in
Zeile 18 und 20 männliche (stumpfe) → Kadenzen.

10   Schauen Sie jetzt noch einmal das Naturbild der dritten Strophe an. Folgen
Sie mit Ihrem Blick dem Naturbild des Textes. Wie wird die Natur betrachtet? Nach welchem Prinzip, aus welcher Perspektive?

Die distanzierende, fast nüchterne Betrachtung folgt dem Prinzip von der Ferne
zur Nähe. Dem großen Panorama-Überblick folgen Ausschnitte und Details bis
zum Ziel der Strophe, dem Bild der reifenden Frucht, die sich im See spiegelt. Am
Satzbau sehen Sie, dass andere Satzarten als in der ersten Strophe vorherrschen:
Aussagesätze statt Ausrufesätzen.

11   Aber wo ist das Ich geblieben?

Es ist vorerst nicht unmittelbar wahrzunehmen, es hat sich zurückgenommen.
Die Betrachtung der ausgeglichenen Natur steht nun im Vordergrund.

Um die Bedeutung dieser Veränderung beurteilen und präzisieren zu können,
liegt es nun nahe, sich der Mittelstrophe des Gedichts zuzuwenden.
Schauen wir uns die Zeilen an:

> Aug, mein Aug, was sinkst du nieder?
>
> 10   Goldne Träume, kommt ihr wieder?
>
> Weg, du Traum! so gold du bist;
>
> Hier auch Lieb und Leben ist.

12   Wenn Sie an die Rolle des Individuums und der Natur denken – wo findet sich dann hier der deutlichste Hinweis auf das Denken der Dichter des Sturm und Drang?

Es ist offensichtlich, dass der Vers 12 mit seiner Betonung von *Lieb und Leben*, das *hier auch ist,* an die Naturbegeisterung des Ichs in der ersten Strophe anknüpft.

13   Schauen Sie Vers 12 genau an und lesen Sie ihn laut. Warum wirkt er so heftig?

Sie hören, wie stark er betont ist, wie die → Trochäen durch die → Tonbeugung von *hier auch* übertrumpft werden und wie die → Alliteration *Lieb und Leben* die beiden Begriffe als untrennbar zusammenzwingt.

Wenn Sie erkennen wollen, wogegen *Lieb und Leben* so stark verteidigt werden, müssen Sie die Mittelstrophe in ihrer Stellung zum übrigen Text noch genauer untersuchen.

14   Notieren Sie nun alle formalen Besonderheiten der Mittelstrophe.

Ihre Notizen werden etwa so aussehen:

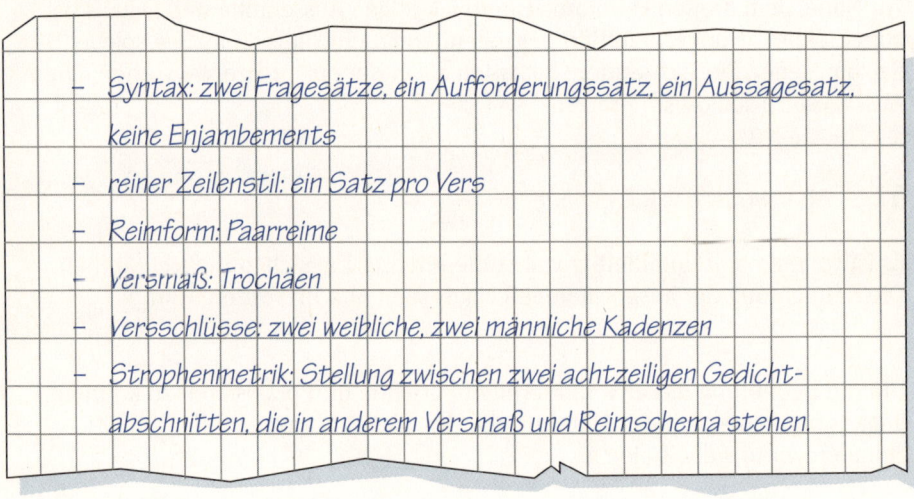

– Syntax: zwei Fragesätze, ein Aufforderungssatz, ein Aussagesatz, keine Enjambements
– reiner Zeilenstil: ein Satz pro Vers
– Reimform: Paarreime
– Versmaß: Trochäen
– Versschlüsse: zwei weibliche, zwei männliche Kadenzen
– Strophenmetrik: Stellung zwischen zwei achtzeiligen Gedichtabschnitten, die in anderem Versmaß und Reimschema stehen.

15   Was geht mit dem lyrischen Ich in der Mittelstrophe vor? Lassen Sie dabei die biografischen Bezüge zum Autor unberücksichtigt.

┌─ Fassen wir zusammen ─┐

Deutlich abgesetzt von der ersten Strophe beginnt die zweite mit einem neuen Gedanken. Das Niederschlagen der Augen (betont durch den Binnenreim *Aug*) leitet die Erinnerung an eine Zeit ein, die traumhaft und golden das Ich noch immer beherrscht. Die Erinnerung lässt sich nicht verdrängen; sie taucht wieder auf, zwingt zu Reflexion und Entscheidung. Zwei Fragesätze, eng durch den Paarreim aneinander geknüpft, erwarten eine Antwort. Diese Antwort wird deutlich gegeben. Zwei im Zeilenstil gehaltene, selbstständige Sätze, ein Aufforderungssatz und ein Aussagesatz schlagen ein neues Thema an. Weg von der Erinnerung des Ichs, vom Innerlichen / Träumerischen, hin zum Hier und Jetzt weist die Antwort. Die Tonbeugung des *hier auch* und die Alliteration von *Lieb und Leben* drücken den bewussten Willensakt aus, mit dem sich das Ich der Gegenwart und der Natur zuwendet, um sich nicht durch Erinnerungen vom begeisternden Naturerlebnis abbringen zu lassen.
Die Zeilen 9 bis 12, genau in der Mitte des Gedichts stehend, sind das Bindeglied zwischen den ersten acht Versen, in denen sich das Ich stark ausdrückt – und der letzten Strophe, in der sich das Ich ausspart.

Mit Hilfe Ihrer Goethe-Kenntnis oder der Hinweise aus der Info zu Beginn dieses Kapitels können Sie nun auch einen biografischen Akzent setzen.

16 Gibt es für die Heftigkeit und die formale Auffälligkeit der Mittelstrophe eine hilfreiche geschichtliche oder biografische Erklärung?

Alle Schriftsteller verarbeiten in ihren Werken persönliche Erlebnisse und Erfahrungen. Von Goethe ist vielfach bekannt, wie sehr er Spannungen und Probleme seiner Lebensumstände literarisch zu bewältigen versuchte um sich von ihnen zu befreien. Hinter der unwirklichen Traumwelt, die das Ich im Text verscheucht, steckt das Erlebnis mit Lili Schönemann, die für ihn trotz ihres Liebreizes auch die Gefahr wirtschaftlicher und gesellschaftlicher Rücksichten verkörperte.

17 Jetzt können Sie zum Schluss des Gedichts zurückkehren und präziser notieren, was sich inzwischen in der Wahrnehmungsweise der Natur verändert hat. Welchen Zusammenhang gibt es nach dem Ergebnis der Zeilen 9 bis 12 zwischen der ersten und letzten Strophe des Gedichts?

Vergleichen Sie Ihr Ergebnis mit den folgenden Vorschlägen:

- Der ekstatische Ton ist verschwunden.

- Die Natur wird betrachtet, nicht erlebt.

- Die Natur wird gegenständlich wahrgenommen.

- Die Gegensätze der Natur sind aufgehoben: Das Nahe reflektiert das Ferne (Welle, Sterne), das Weiche mildert das Harte (Nebel, Gebirge).

18   Welche Rolle spielt demnach die Mittelstrophe für dieses Ergebnis?

Fassen wir zusammen

Die erste und letzte Strophe des Gedichts korrespondieren miteinander (Natur), sind aber auch gegensätzlich (anderes Naturbild). Vers 12 betont *Lieb und Leben* nicht nur als Bestandteile der Vergangenheit, sondern begründet die bewusste Entscheidung, die Welt der Natur anders – nicht nur als Erlebnisgipfel – wahrzunehmen. Wenn *Lieb und Leben* nicht nur in der gesellschaftlichen Erinnerung zusammengehören, dann gehören sie auch in der jetzt erlebten Natur zusammen. Das Ich erlebt einen Bewusstwerdungsprozess, der es vom Welterleben zum Welterfassen führt, ausgedrückt in Bildern der Harmonie und Ausgeglichenheit. Bezugspunkt dieser Bilder ist die reifende Frucht als Symbol für die Entwicklung.

Jetzt können Sie eine Gesamtinterpretation formulieren, die sich besonders auf Ihre literaturgeschichtlichen Kenntnisse stützt. Gehen Sie dazu noch einmal die einzelnen Gliederungsschritte durch und überlegen Sie, welche Reihenfolge Sie am deutlichsten zu Ihrem Interpretationsziel führt.

3 Aufsatzbeispiel

Einleitung: Epochenbezug	Johann Wolfgang von Goethe ist ein bekannter Repräsentant der Lyrik des Sturm und Drang. Seine Hymne „Prometheus", ein rebellisches Rollengedicht, oder „Willkommen und Abschied", das sein Verhältnis zu Friederike Brion thematisiert, sind berühmte Beispiele dafür. Auch das Gedicht „Auf dem See" enthält deutliche Elemente des Denkens und Fühlens in der literarischen Epoche des Sturm und Drang.
Analyse der 1. Strophe	Dieses Gedicht von 1784/85, das auf einer Tagebuchfassung von 1775 beruht, beginnt mit dem Erlebnisgipfel eines lyrischen Ichs, das seine Begeisterung über das Naturerlebnis einer Kahnfahrt auf dem Zürcher See mit Freunden ekstatisch formuliert.
Metrum	Im steigenden Metrum des Jambus wird die Begegnung mit der Natur als vitales Erlebnis der „Mutter Natur" emphatisch ausgedrückt.
Ausruf	Der Ausruf in Verszeile 3f. bewundert die ernährende Natur als „hold und gut" (Z. 3); das Bild begeisterter Naturkindschaft entsteht.
Naturbild des Sturm und Drang	„Nahrung", „Blut" und „Saug(en)" (Z. 1f.) deuten auf das Mutter-Kind-Verhältnis hin, das in der älteren Fassung durch den Begriff „Nabelschnur" (Z. 1) noch deutlicher zum Ausdruck kommt. Die Inversion des Satzes in Vers 1f. betont dieses Verhältnis besonders.
Metrum / Enjambement	Schwung und Tempo der gemeinsamen Begegnung mit der Natur erhält der Text durch Enjambements, Metrik und Versschlüsse. Je zwei Verse sind durch Enjambement miteinander verbunden. So eilt die Handlung ihrem Ziel entgegen. Das jambische Versmaß (zum Beispiel in Vers 5 und 6) macht die Dynamik der Ruderpartie hörbar: „Die Welle wieget unsern Kahn / Im Rudertakt hinauf". Die Angabe von Bewegungsrichtungen („hinauf", Z. 6; „himmelanan", Z. 7) evoziert deutlich das Bild des Vorwärtsdrängens.

Rhythmus	Jeder Vers endet mit einer männlichen Kadenz; auch dadurch steigert sich die rhythmische Bewegung des Gedichts. Die „Welle" (Z. 5) – hier wiederholt sich das Mutterbild – wiegt die Gefährten den See „hin-auf" (Z. 6), das Gebirge begegnet ihrem Lauf.
Personifikation der Natur	Die Hauptrolle spielt die personifizierte Natur, die mit der „freie(n) Welt" (Z. 2) gleichgesetzt wird. Die Wahrnehmung des Ichs entspricht dabei genau den Naturvorstellungen des Sturm und Drang. Die Natur, repräsentativ für Freiheit und Ungekünsteltheit, als Verkörperung der Poesie und Gegenwelt aller zivilisatorischen Enge, wird emphatisch als „frisch", „neu" (vgl. Z. 1), „frei" (vgl. Z. 2) und „gut" (Z. 3) verherrlicht.
Emotionalisiertes Naturerlebnis	Die Natur gibt, der Mensch nimmt. So auch in der zweiten Strophenhälfte: Die Natur kommt zum Menschen, der Mensch erlebt sie. Dieses Erlebnis ist stark emotional und ganz subjektiv, wie die Vorstellung der den Rudernden begegnenden Berge zeigt.
Analyse der 2. Strophe **Themenwechsel**	Die zweite Strophe hat aufgrund ihrer mittigen Stellung eine besondere Bedeutung; auch das Thema wechselt nun. Ein Sprung von der unmittelbaren Naturerfahrung zur nachdenklichen Erinnerung und Selbstbetrachtung wird durch die Änderung von Versmaß, Reimschema und Strophenform unübersehbar.
Formwechsel **Fragesätze** **Erinnerung**	Trochäen lösen den Jambus der ersten Strophe ab, Paarreime das Kreuzreimschema. Statt metaphorischer Naturbilder stehen Fragesätze, die mit einem Selbstbefehl beantwortet werden (vgl. Z. 11). Das Niederschlagen der Augen, betont durch den Binnenreim „Aug, mein Aug" (Z. 9), lenkt in Vers 9 den Blick des Ichs vom gemeinsamen Erlebnis der Naturlandschaft ins eigene Innere, das von Erinnerungen beherrscht wird. Die erinnerte Zeit, als „gold(en)" und traumhaft verklärt (vgl. Z. 10), ist nicht ohne weiteres zu verdrängen. Zwei aufeinander folgende Fragesätze, durch Paarreim verklammert, erzwingen eine Antwort. Die Antwort wird auch deutlich erteilt. Zwei im Zeilenstil gehaltene, selbstständige Sätze,

Aufforderung / Imperativ	ein Aufforderungssatz und Selbstbefehl sowie ein Aussagesatz reißen die Gedanken des Ichs bewusst zum Naturerlebnis zurück. Weg von den Erinnerungen, vom Innerlichen, vom Träumerischen – hin zum Hier und Jetzt weist die Antwort. Das Ausrufezeichen nach „Traum" in Vers 11, die Tonbeugung von „Hier
Tonbeugung **Alliteration**	auch" in Vers 12 und die Alliteration „Lieb und Leben" (Z. 12) drücken den bewussten Willensakt aus, mit dem sich das Ich der Gegenwart zuwendet.
Metaphorik	Die Erinnerung wird so deutlich verscheucht, die Metapher der „Goldne(n) Träume" aus Vers 10 in Vers 11 so deutlich zerrissen, die Rückkehr zum sympathetischen Naturerlebnis so deutlich beschlossen, dass hinter der zurückgewiesenen Erinnerung ein tiefes persönliches Motiv vermutet werden muss.
Bezug zur Biografie	Bekanntlich hat Goethe nach der Reise mit den Freunden Stolberg und Haugwitz in die Schweiz seine Verbindung mit Lili Schönemann, der Frankfurter Bankierstochter, gelöst. Aus Goethes Biografie lässt sich ableiten, dass das Motiv des Traumes auf eine fragwürdig gewordene Liebesbeziehung verweist, ähnlich wie der Begriff „Goldne" (Z. 10; vgl. auch Z. 11) auf den gesellschaftlichen Hintergrund Lilis anspielt.
Bezug zur Literaturgeschichte	Der Vorstellung im Sturm und Drang, es mache das Originalgenie aus, mit den „besten Leuten" seiner Zeit zu leben, widersprach das Gefühl für Lili, die in ihrer Stellung mit mehr als nur den besten Leuten umgehen musste.
Analyse der 3. Strophe **Gleichheiten / Unterschiede zur 1. Strophe**	Dieser Zusammenhang wirft ein bezeichnendes Licht auf die letzte Strophe des Gedichts. Motivisch entspricht sie der ersten Strophe – äußerlich zunächst auch –, aber thematisch und formal zeigen sich gravierende Unterschiede.
	Nach der Entscheidung in der zweiten Strophe erscheint ein neues Naturbild, das zwar auch vom Ich erlebt wird, aber als solches sprachlich nicht mehr in Erscheinung tritt. Die Natur wird nicht mehr als Erlebnisgipfel gefühlt und bejubelt, sondern betrachtet und bewusst erfasst. Der ekstatische Sprechton ist verschwunden, die fallenden Metren dominieren.

Metrischer Ausgleich	Die Trochäen aus den Zeilen 9 bis 12 sind übernommen, jedoch daktylisch aufgelockert. Im Gegensatz zur ersten Strophe finden sich nur ganz am Schluss, am Ziel des Gedichts, männliche Kadenzen (vgl. Z. 18 und 20).
Perspektivik	Auch die Perspektivik hat sich verändert. Einem großen Panorama-Blick, der „Sterne" (Z. 14) und „Ferne" (Z. 16) erfasst, folgt die Betrachtung von Ausschnitten und Details der Natur bis zum Schlussbild der „reifende(n) Frucht" (Z. 20).
Syntax	Der betrachtenden Perspektive entspricht die Syntax: Aussagesätze haben die Ausrufe der ersten Strophe abgelöst.
Grammatische Formen	Vor allem die Grammatik verdeutlicht das gewandelte Naturbild. Verben der Bewegung in konjugierter Form oder als Partizip Präsens mildern die Dynamik der Naturvorgänge. Gleiches gilt für die Adjektive. „Weiche Nebel trinken" (Z. 15) das sich „türmende" (Z. 16) Gebirge, die Sterne strahlen nicht, sondern werden reflektiert: Sie „blinken auf der Welle" (vgl. Z. 13).
Naturphänomene	Ausgleich und Harmonie bestimmen die Naturphänomene. Der Morgenwind weht nicht, sondern „umflügelt" (Z. 17) als ungreifbares Element die „Bucht" (Z. 18) als das statische Element. Alle Gegensätze der Landschaft sind in der Schwebe gehalten oder werden überspielt: „schwebende Sterne" (Z. 14), „türmende Ferne" (Z. 16). Auf Zeile 12 bezogen erhält der Vorgang des Schauens und Betrachtens eines bestimmten Individuums seine besondere Bedeutung. Ein Entwicklungsprozess – ein Prozess der Bewusstwerdung – ist in Gang gekommen, der seinen Höhepunkt im Schlussbild der dritten Strophe findet. Weder die Ekstase der ersten Strophe noch die Erinnerung in der zweiten soll das Ich prägen – es sind ja nur Formen der Flucht vor sich selbst –, sondern Beobachtung und Entwicklung führen zum Erfassen von Ich und Welt.
Symbolisches Bild	Das Bild der Frucht, die sich „reifend" (vgl. Z. 20) im See spiegelt, reflektiert auch den Seelenzustand des lyrischen Ichs. Es ist in der Auseinandersetzung mit

der Welt, die es umgibt – mit Gegenwart und per-
sönlicher Vergangenheit –, in einen Reifezustand geraten.

**Hinweis auf
Literaturgeschichte**

Der Prozess geht weiter, die Partizipialform „reifende"
(Z. 20) deutet es an. Die Sturm-und-Drang-Periode
des Ichs (man kann auch sagen: Goethes) geht dem
Ende zu, die Epoche des Ausgleichs beginnt: die
Klassik.

D Joseph von Eichendorff: *Die zwei Gesellen*

1   Es zogen zwei rüst'ge Gesellen

       Zum erstenmal von Haus,

       So jubelnd recht in die hellen,

       Klingenden, singenden Wellen

       Des vollen Frühlings hinaus.

6   Die strebten nach hohen Dingen,

       Die wollten, trotz Lust und Schmerz,

       Was Rechts in der Welt vollbringen,

       Und wem sie vorübergingen,

       Dem lachten Sinnen und Herz.

11   Der erste der fand ein Liebchen,

       Die Schwieger kauft' Hof und Haus;

       Der wiegte gar bald ein Bübchen,

       Und sah aus heimlichem Stübchen

       Behaglich ins Feld hinaus.

16   Dem zweiten sangen und logen

       Die tausend Stimmen im Grund,

       Verlockend' Sirenen, und zogen

       Ihn in der buhlenden Wogen

       farbig klingenden Schlund.

Und wie er auftaucht' vom Schlunde,   21

Da war er müde und alt,

Sein Schifflein das lag im Grunde,

So still war's rings in die Runde,

Und über die Wasser weht's kalt.

Es singen und klingen die Wellen   26

Des Frühlings wohl über mir;

Und seh ich so kecke Gesellen,

Die Tränen im Auge mir schwellen –

Ach Gott, führ uns liebreich zu dir!

(1818)

1 Zugang über Handlung und Aufbau

Gedichten, in denen Ereignisse, Handlungen oder Aktionen eine Rolle spielen, nähern Sie sich am besten, indem Sie versuchen, dieses Geschehen genau zu bestimmen. Viele Fragen werden sich Ihnen dabei aufdrängen, zum Beispiel:

✗   Was geschieht eigentlich?

✗   Wer tut etwas?

✗   Wer erleidet etwas?

✗   Was ereignet sich?

✗   Wie geht die Handlung aus?

✗   Gibt es einen / mehrere „Helden" der Handlung?

✗   Repräsentiert diese Figur etwas – und was?

✗   Wie ist die Handlung gewichtet?

✗   Ist das Ereignis in einen Rahmen eingebettet?

✗   Welchen Anteil am Text haben Handlung und Rahmen?

✘   Werden Symbole verwendet um die Handlung aussagekräftiger
       zu machen?

2   Arbeitsschritte

Auch bei diesem romantischen Text könnten Sie versuchen, ihn von der → Strophenmetrik, vom → lyrischen Ich oder von seinem thematischen Schwerpunkt her
zu ergründen. Wenn Sie nach der Lektüre die Überschrift des Gedichts betrachten,
wird Ihnen jedoch ein nahe liegender Gedanke kommen.
Das Gedicht handelt von *zwei* Gesellen – also von ausgebildeten Handwerkern,
die sich auf einer vorgeschriebenen Wanderschaft in ihrem Beruf zum Meister
ausbilden sollten. Damit liegt die erste Frage auf der Hand:

1   Könnten die beiden Gesellen eine Idee oder eine Vorstellung repräsentie-
       ren? Notieren Sie sich in einer Art *Brainstorming* Ihre ersten Vermutungen.

Auf Ihrem Notizzettel könnte jetzt stehen:

> – *Die zwei Gesellen erleiden ein unterschiedliches Schicksal.*
> – *Der eine trifft es besser als der andere.*
> – *Vielleicht auch: Beide treffen es nicht besonders gut.*
> – *Wir erfahren wenig Genaues über sie.*

2   Wo im Text wird von beiden, wo von je einem der zwei Gesellen gespro-
       chen? Notieren Sie Ihr Ergebnis auf einem Zettel.

Es ergibt sich diese Einteilung:

1. Strophe:	*beide Gesellen*
2. Strophe:	*beide Gesellen*
3. Strophe:	*erster Geselle*
4. Strophe:	*zweiter Geselle*
5. Strophe:	*zweiter Geselle*
6. Strophe:	*beide Gesellen*

Fassen wir zusammen

Eine Hälfte des Gedichts widmet sich den beiden Gesellen gemeinsam. Die andere Hälfte ist ungleich verteilt. Auf den ersten Gesellen entfällt eine Strophe, der zweite taucht in zwei Strophen auf.

Was nützt uns diese Einsicht? Um das herauszufinden, sollten Sie zunächst einmal feststellen, was über das Leben der beiden Gesellen erzählt wird.

3 Schreiben Sie eine Tabelle und tragen Sie in Ihren eigenen Worten ein, was die Gesellen tun oder was mit ihnen geschieht. Schauen Sie den folgenden Vorschlag aber erst nach Ihrem eigenen Entwurf an.

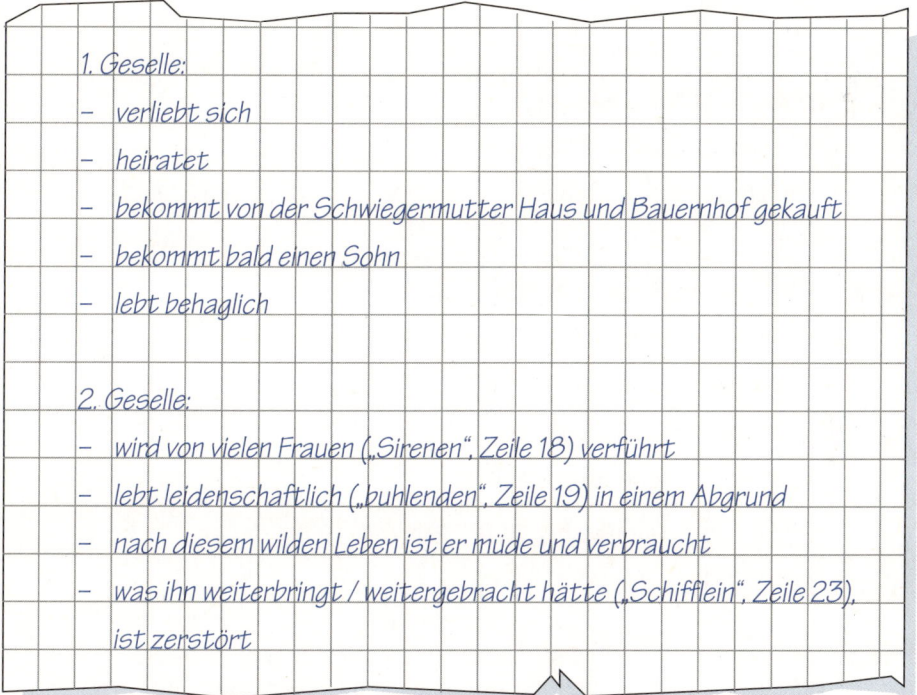

1. Geselle:

- verliebt sich

- heiratet

- bekommt von der Schwiegermutter Haus und Bauernhof gekauft

- bekommt bald einen Sohn

- lebt behaglich

2. Geselle:

- wird von vielen Frauen („Sirenen", Zeile 18) verführt

- lebt leidenschaftlich („buhlenden", Zeile 19) in einem Abgrund

- nach diesem wilden Leben ist er müde und verbraucht

- was ihn weiterbringt / weitergebracht hätte („Schifflein", Zeile 23), ist zerstört

Die Gegensätze der beiden Lebenswege liegen auf der Hand. Das Leben des einen Gesellen führt zu raschem Erfolg, das des anderen scheitert. Aber ist das nicht ein bisschen einfach? Um zu sehen, was die beiden wirklich trennt und was sie vielleicht verbindet, müssen Sie auch die Sprache des Gedichts betrachten. Dazu gehören folgende Punkte:

✗   Vokabeln und sprachliche Wendungen

✗   Bilder und Stilfiguren

✗   Grammatik und Satzbau

Fangen wir mit dem zweiten Gesellen an, der den größten Textanteil im Gedicht hat.

4   Welches Vokabular bezeichnet die Formen seiner Verführung, an der er scheitert? Sie können drei verschiedene Kategorien feststellen. Markieren / unterstreichen Sie in der vierten und fünften Strophe die wichtigen Textstellen.

16   Dem zweiten sangen und logen
Die tausend Stimmen im Grund,
Verlockend' Sirenen, und zogen
Ihn in der buhlenden Wogen
farbig klingenden Schlund.

21   Und wie er auftaucht' vom Schlunde,
Da war er müde und alt,
Sein Schifflein das lag im Grunde,
So still war's rings in die Runde,
Und über die Wasser weht's kalt.

Die markierten und unterstrichenen Wörter kann man so analysieren:

sangen und logen	Gesang und Lüge stehen nebeneinander;
Verlockend' Sirenen	schöne Frauen locken (= Sirenengesang)
… zogen	in den Abgrund, der von Farbe und Klang
buhlenden Wogen	erfüllt ist, aber ein Abgrund bleibt.
sangen	Klang, Vielfalt und Bewegung sind die Mittel
tausend Stimmen	der Verführung.
Sirenen	
Wogen	
farbig klingenden	

Grund	Der verschlingende Abgrund steht hinter aller
Schlund	verlockenden Schönheit; ausgedrückt wir dies
Grunde	durch zwei ähnlich klingende, sich im Reim
Schlunde	wiederholende Wörter.

5 Welche bekannten und ungewöhnlichen Bilder sind in den Wörtern *Sirenen*, *Schifflein* und *Schlund* enthalten?

Sirenen	Das Bild der Fabelwesen, die durch betörenden Gesang Odysseus von seiner Reise nach Hause abhalten und in den Tod locken sollten.
Schifflein	Das Bild vom Lebensschiff (aus dem Barock bekannt) wird hier gebraucht, um das Ende der Reise zu kennzeichnen.
Schlund	Das biblische Bild vom Höllenschlund wird variiert; der Geselle wird in den Schlund der *farbig klingenden Wogen* gezogen. Eichendorff gebraucht hier die Stilfigur der → Synästhesie, um die Vielfalt gleichzeitiger Sinneswahrnehmungen zu veranschaulichen.

6 Was fällt Ihnen beim Klang der Reime und Vokale auf?

Die dunkle → Vokalität, manchmal im Widerstreit mit hellen Tönen, ist unüberhörbar.

7 Welche Besonderheiten zeigt der Satzbau in der vierten und fünften Strophe? Vergleichen und notieren Sie, was Ihnen auffällt.

16	Dem zweiten sangen und logen	*Die Strophe besteht aus einem*
	Die tausend Stimmen im Grund,	*einzigen Satz, der durch Enjambe-*
	Verlockend' Sirenen, und zogen	*ments das Tempo und die Zwangs-*
	Ihn in der buhlenden Wogen	*läufigkeit der Verlockung ausdrückt.*
	farbig klingenden Schlund.	

21 Und wie er auftaucht' vom Schlunde,	*Der Zeilenstil dominiert im*
Da war er müde und alt,	*Gegensatz zu den Enjambe-*
Sein Schifflein das lag im Grunde,	*ments der 4. Strophe. Besonders*
So still war's rings in die Runde,	*auffällig Zeile 23 und 24: pro Vers*
Und über die Wasser weht's kalt.	*ein trauriges Ergebnis in jeweils*
	einem Satz.

8   Wer ist eigentlich Subjekt und wer Objekt in der vierten und fünften Strophe?

Sie sehen es jetzt sofort: Der zweite Geselle ist passives Objekt. In Strophe 4 handeln die Sirenen, die ihn in den *Schlund* ziehen. Wenn er in Strophe 5 dann doch aktiv handelt, hat er keine Lebensperspektive mehr.

9   Können Sie das Ergebnis von Aufgabe 8 zusätzlich durch grammatische Auffälligkeiten abstützen? Achten Sie vor allem auf die Zeilen 24 und 25.

24   So still war's rings in die Runde,
     Und über die Wasser weht's kalt.

Wenn Sie die Fälle genau ansehen, werden Sie erkennen, dass es eigentlich *in der Runde* und *über den Wassern* heißen müsste. Die bewusst falsch gebrauchten Akkusative erweitern die Grenzenlosigkeit der Stille und Kälte, die den ins alltägliche Leben zurückgekehrten Gesellen umgeben.

10   Welche Wirkung ergibt sich, wenn Sie zusätzlich noch auf Reime und Vokalität der Strophen 4 und 5 achten?

Streng betrachtet ergibt sich für die beiden Strophen folgendes Reimschema:
4. Strophe: a b a a b
5. Strophe: c d c c d

Beachtet man die Dativendung *-e* bei *Schlunde* (Zeile 21) und *Grunde* (Zeile 23) nicht, so kommt Eichendorff beim zweiten Gesellen mit noch weniger Reimen aus. Vom Klang her beschränkt er sich ohnehin auf die drei Vokale *o*, *a* und *u*. Auch innerhalb der Strophen – besonders in der vierten – ist die dunkle Vokalität vorherrschend. Diese Dunkelheit und Monotonie des Klangs unterstreicht die düsteren Lebensumstände des zweiten Gesellen.

Fassen wir zusammen

Der zweite Geselle, der ebenso zielbewusst wie der erste ausgezogen ist, scheitert rasch an trügerischen Verlockungen. Symbole für das Scheitern sind der Verderben bringende Gesang der Sirenen und das Spiel der farbig klingenden Wellen. Er ist passiver Spielball der scheinbar faszinierend vielfältigen und bunten Lebensangebote – nicht ihr Gestalter. Bei der Rückkehr in die Wirklichkeit des Alltags ist er alt und müde. Grenzenlos einsam empfindet er nur noch Stille und Kälte eines eintönig gewordenen Lebens.

Wenden wir uns nun mit ähnlichen Fragen dem Weggefährten des Gescheiterten zu.

11 Wie aktiv ist der erste Geselle? Wenn Sie keine brauchbaren Antworten finden, dann listen Sie doch einfach auf, welche Vokabeln und grammatischen Wendungen auf die Passivität des ersten Gesellen hinweisen.

Sie sind sicher rasch fündig geworden. Ihre Liste wird so aussehen:

> – *Er findet ein Mädchen, er sucht nicht.*
> – *Die „Schwieger" kauft den Besitz, er erwirbt nicht.*
> – *Er sieht aus dem Fenster „behaglich ins Feld", er arbeitet nicht.*

Sie stellen fest, dass sich der erste Geselle passiv verhält: Andere handeln, ihm begegnet das Leben nur.

12 Lesen Sie die Zeile 13 des Gedichts noch einmal. Welches Bild fällt Ihnen dabei – wir befinden uns im 19. Jahrhundert! – als besonders untypisch für einen Mann auf?

Richtig: Der Geselle zeigt unverkennbar eine Mutterpose; *er* wiegt das Kind, nicht die Mutter.

13   Welche Wörter verzerren dieses ungewöhnliche Bild in der dritten Strophe
bis zur Lächerlichkeit? Unterstreichen und markieren Sie die entsprechen-
den Stellen.

11   Der erste der fand ein <u>Liebchen,</u>

Die Schwieger kauft' Hof und Haus;

Der wiegte gar bald ein <u>Bübchen,</u>

Und sah aus heimlichem <u>Stübchen</u>

Behaglich ins Feld hinaus.

———— Fassen wir zusammen ————

Die Diminutivformen *Liebchen, Bübchen, Stübchen* verniedlichen das Lebens-
ergebnis des Gesellen. Bedenkt man, dass Eichendorff als Schlesier vermutlich
Biebchen und *Stiebchen* sagte, wird auch der erste Geselle vollends zur komi-
schen Figur in der noch sehr patriarchalisch geprägten Welt des 19. Jahrhun-
derts.
Heimlich bedeutet so viel wie *heimisch* und *geborgen*. Das gibt der *Behaglich-
keit* (vgl. *Behaglich* in Z. 15) einen spießigen Akzent.
Somit ist auch der erste Geselle ein Gescheiterter, der sein eigentliches Lebensziel nicht erreicht hat. Er bietet das kleinbürgerliche Gegenbild zum eher lebe-
männisch-vital gescheiterten Kollegen.

Damit haben wir die Binnenhandlung des Gedichts erschlossen, das unterschiedliche und das gemeinsame Schicksal der zwei Gesellen beurteilt sowie die Ursa-
che ihres Scheiterns geklärt.
Nun geht es um die Rahmenhandlung. Der Auszug der Gesellen wird in *zwei* Strophen gestaltet, die Schlussbetrachtung des → lyrischen Ichs zum ganzen Geschehen in *einer* Strophe. Somit erkennen Sie hier – wie bei der Binnenhandlung den
doppelten Strophenumfang für den zweiten Gesellen – einen Schwerpunkt bei
der Aufmerksamkeit des Autors. Sie werden sich am Ende fragen müssen, warum
das so ist. Zunächst aber gilt es die Ausgangssituation des Gedichts zu analysieren.

Wenn die Lebensreise der zwei Gesellen nicht gelingt, so stellt sich die Frage
nach den Bedingungen des Aufbruchs und nach ihrem Ziel. Sehen wir uns dazu
die ersten beiden Strophen an.

14 In welcher Stimmung brechen die beiden Gesellen in die Welt auf?
Schreiben Sie aus den ersten beiden Strophen des Gedichts die Wörter
heraus, die die Stimmung ihres Aufbruchs charakterisieren.

Folgende Wörter werden Sie notiert haben:

– *jubelnd*

– *recht*

– *hellen, / Klingenden, singenden Wellen / Des vollen Frühlings*

– *trotz Lust und Schmerz (in der Welt)*

15 Woher kommt der dynamische Schwung, der diesen Aufbruch auch für
den Leser so begeisternd macht? Achten Sie genau auf Takt und Bilder in
den beiden ersten Strophen.

Zuerst notieren wir den Takt:

1	Es zogen zwei rüst'ge Gesellen	x x́ x x x́ x x x́ x
	Zum erstenmal von Haus,	x x́ x x́ x x́
	So jubelnd recht in die hellen,	x x́ x x x́ x x́ x
	Klingenden, singenden Wellen	x́ x x x x́ x x́ x
5	Des vollen Frühlings hinaus.	x x́ x x́ x x x́

Wenn Sie das Metrum bestimmen wollen, werden Sie den ständigen Wechsel
zwischen den zwei Taktarten → Daktylus und → Jambus bemerken, der den wech-
selnden → Rhythmus bewirkt. Nicht umsonst entspricht der Daktylus dem Walzer-
takt. Mit einer Ausnahme haben alle fünf Verse dieser Strophe einen tonlosen
Auftakt und bestehen aus metrischen Kombinationen.
Die Ausnahme haben Sie sofort gesehen: Der vierte Vers beginnt mit vollem
Stimmakzent; er ist der einzige Vers des gesamten Gedichts, der im reinen Daktylus steht. Dabei ist Ihnen sicher der ungewöhnliche Klang dieser Zeile aufgefallen. Die Partizipien *Klingenden, singenden* bilden einen → Schlagreim, der die Le-
bendigkeit des Aufbruchs verdeutlicht.

16   Formulieren Sie nun Stimmung und Geschehen der beiden ersten
Strophen als Bilder und Motive.

Fassen wir zusammen

Die → Metapher der Welle deutet die schwungvolle Lebensreise an. Die Früh-
lingswellen sind das Bild allgemeinen Aufbruchs und Anfangs; der Auszug der
Gesellen enthält das Motiv des Wanderns, des Reisens. Das Ziel ist klar: Sie wollen *Was Rechts in der Welt vollbringen* (Zeile 8), sich beweisen, sich selbst ver-
wirklichen und zu sich selbst gelangen.

---

17   Wie sind die Gesellen charakterisiert und wie werden sie wahrgenommen?
Schreiben Sie Ihre Ideen – ausnahmsweise einmal ohne Hilfe – auf die
Zeilen. Überprüfen Sie später beim Lesen des Aufsatzbeispiels (Seite 76 –
80) Ihre Ergebnisse.

18 Warum beginnt Eichendorff die Zeilen 6 und 7 des Gedichts jeweils mit *Die* (gemeint sind die beiden Gesellen), statt das Personalpronomen *sie* zu verwenden?

Das Selbstvertrauen der beiden Gesellen wird – unterstützt von der jahreszeitlichen Aufbruchstimmung – betont. Der Betrachter, an dem *sie vorübergingen* (Zeile 9), deutet dadurch auf die wandernden Gesellen eigens hin: *Die* da, *die* wollen es zu was bringen; *die* wollen, auch wenn sie mit *Lust und Schmerz* (Zeile 7) rechnen, *was Rechts in der Welt vollbringen* (Zeile 8).
Die Gesellen haben große Ziele; das betonen die Verben *strebten* (Zeile 6) und *wollten* (Zeile 7). Darauf wird besonders hingewiesen, weil sie die später Scheiternden sind. In den ersten zwei Strophen sind beide Subjekt; in den Binnenstrophen ist der erste Geselle gerade noch grammatisch das Subjekt, der zweite nicht einmal mehr das.

Zur Rahmenhandlung gehört auch die letzte Strophe des Gedichts, die zur Aufbruchstimmung der ersten beiden Strophen und zur Binnenhandlung in Bezug gebracht werden muss.

19 Wo erkennen Sie in der letzten Strophe Parallelen und Gegensätze zu den beiden Eingangsstrophen? Markieren Sie die Stellen farbig.

26 Es singen und klingen die Wellen

Des Frühlings wohl über mir;

Und seh ich so kecke Gesellen,

Die Tränen im Auge mir schwellen –

Ach Gott, führ uns liebreich zu dir!

Alle Motive des Anfangs sind wieder vorhanden: die aufbrechenden Gesellen, der Frühling, das Bild der Welle. Aber alles ist anders. Wenn Sie Vers 26 mit Vers 4 vergleichen, wird es besonders deutlich: Vokabular und Sachverhalt sind gleich – aber der Klang ist unterschiedlich. Der Daktylus ist gebrochen, der Auftakt tonlos, der tanzende → Schlagreim einem harmlosen → Binnenreim gewichen. Damit man die Stelle nicht überliest, hat Eichendorff sogar die Reihenfolge der Verben vertauscht (*singen und klingen*, Zeile 26). Die gesamte Schlussstrophe ist anders als der Anfang.

20   Was unterscheidet die letzte Strophe von allen anderen im Gedicht? Markieren Sie alle Pronomen und Personen, die in dieser Strophe vorkommen.

26   Es singen und klingen die Wellen

Des Frühlings wohl über mir;

Und seh ich so kecke Gesellen,

Die Tränen im Auge mir schwellen –

Ach Gott, führ uns liebreich zu dir!

Erstmals spricht das → lyrische Ich über die Geschichte der Gesellen, aber es sind *so … Gesellen* (Zeile 28), also solche wie die der Binnenhandlung. Damit wird ihr Schicksal ins Grundsätzliche gehoben – und das Ich formuliert seine prinzipielle Trauer um die Menschen: *Die Tränen im Auge mir schwellen* – (Zeile 29). Die Strophe mündet nach dem Gedankenstrich in ein Stoßgebet zu Gott, der *uns* (also alle Menschen) *liebreich* (Zeile 30) zu sich führen soll. Das Ausrufezeichen beendet das Gedicht und verändert seinen Charakter zum Gebet. Die Gefährdung der zwei Gesellen wird damit in den Augen des Ichs (oder des Autors) zur Gefährdung von uns allen.

Bei diesem Gedicht haben wir den Zugang über den inhaltlichen Schwerpunkt (Binnenhandlung = das Schicksal der zwei Gesellen) gesucht. Dennoch dürfen wir die Form nicht ganz vernachlässigen. So wie sie uns manchmal den Zugang zum Textkern ermöglicht, hilft sie hier bei der Absicherung unserer Erkenntnisse.

Sie erinnern sich: Der Rahmen des Gedichts verhält sich zum eigentlichen Lebensweg der Gesellen umgekehrt proportional; das Gedicht notiert sich also formal wie 2 // 1 zu 2 // 1. Die Grundfigur des Textes besteht demnach aus einfachen und doppelten Elementen – oder aus Zweiheit und Einheit. Die Frage nach der Bedeutung dieser Komposition liegt Ihnen somit auf der Zunge.

21   Was bedeutet diese Komposition, wenn man sie auf Ideale und Ergebnisse des Lebens der Gesellen bezieht? Wie wirkt sie sich aus?

⸺ Fassen wir zusammen ⸺

Zweistrophig beginnt der Auszug der Gesellen, einstrophig wird sein Ende beschrieben. Einstrophig ist das Schicksal des biederen, sich ins gemachte Nest
setzenden Gesellen abgehandelt; zwei Strophen gelten dem amourösen Aben-
teurer, der sein Leben vertut.

Das Gedicht lebt vom Wechselspiel aus Weite und Beschränkung, Verkürzung
und Erweiterung des Textes sowie des darin beschriebenen Lebens. In der Rahmenhandlung fällt der Blick in zwei Einleitungsstrophen auf das scheinbar weite Leben der anderen, am Schluss betrachtet ein Ich in einer einzigen Strophe
das gesamte Leben als gefährdete Reise. Es ist ein Ich, das sich von seinem
(alles überblickenden) Standpunkt überhaupt nicht wegbewegt, alles von
einem „beschränkten" Standpunkt aus wahrnimmt, sich nicht über die Schwel-
le rührt. → Schwellenbildlichkeit oder → Schwellenmotiv heißt diese in der
Romantik beliebte Perspektive.

Aber es gibt noch andere Kompositionsmerkmale, die den Grundgedanken des
Gedichts ausdrücken.

22 Warum haben die sechs Strophen jeweils fünf Verszeilen – warum keine
ausgewogene Anzahl (vier oder sechs)?

Untersuchen Sie eine beliebige Strophe: Die fünfte Verszeile setzt jeweils einen
Akzent. Immer wird darin ein Ergebnis betont oder eine besondere Erwartung
geweckt. Die Fünfzeiligkeit entspricht der fehlenden Balance der thematisierten
Lebensreise. Die unterschiedlich starke Zweistimmigkeit, die den Gesellen zuge-
ordnet ist, ist im Fünfzeiler besser herzustellen als in einem harmonischen Vers-
modell.

23 Welche Wirkung hat das Reimschema a b a a b?

Das Schema verzögert den jeweiligen Schlussvers. Es bildet in den Zeilen 3 und 4
jeder Strophe eine Art Stau. Der Inhalt dieser Verse wird betont, der Schlussvers
mit betontem Endreim legt danach schweres Gewicht auf den Inhalt dieser Zeile.

Arbeiten Sie nun eine Interpretation aus, in der Sie die Ergebnisse Ihrer Arbeit verwenden. Sie können dabei ohne weiteres neue Schwerpunkte setzen. Auch an die Reihenfolge der Arbeitsschritte müssen Sie sich nicht unbedingt halten. Der Zugang über das Hauptgeschehen, das in der Binnenhandlung steckt, ist nur das methodische Hilfsmittel zur Erschließung des Gedichts. Das Ergebnis der Interpretation dürfte in seinem Kern auch bei verschiedenen methodischen Zugängen ähnlich sein.

Vergleichen Sie anschließend Ihr Gesamtergebnis mit dem Aufsatzbeispiel auf den Seiten 76 bis 80.

Das Eichendorff-Gedicht *Die zwei Gesellen* ließe sich auch nach dem Zugang über die Literaturgeschichte erschließen, wie Sie es bei Goethes *Auf dem See* (vgl. Kapitel C, Seite 44 bis 59) nachvollziehen können. Wenn Sie zur Übung diesen Weg versuchen wollen, dann verwenden Sie dazu die Infos aus der folgenden Übersicht zur Romantik.

Epochenübersicht Romantik

- Hauptzeit der lyrischen Produktion: 1795 – 1835 (Unterscheidung nach Früh-, Hoch- und Spätromantik)

- Hauptvertreter dieser drei Phasen: Novalis, Brentano, Eichendorff

- Historische Schlüsselerfahrung: Aufklärung und napoleonischer Einfluss in Deutschland

- Ausdrucksweise: unbestimmt, doppeldeutig, verrätselt, dunkel

- Lebensgefühl: Bürgerlichkeit, Rationalität und materielles Erfolgsstreben haben nach Aufklärung und Französischer Revolution ihren Siegeszug begonnen (in Deutschland beschleunigt durch Napoleons Expansionspolitik). Romantische Autoren setzen den Erkenntniswert irrationaler Kräfte (Gemüt, Gefühl) gegen die Rationalität der Epoche, deren materialistisches Ende sie fürchten. Sie wollen die Welt *romantisieren* (= vergeistigen) durch Poesie. Das subjektive Gefühl ist wichtiger als die Realität, z. B. Einsamkeit angesichts der Dunkelheit der Nacht. Gegen die Regelhaftigkeit der Klassik setzen die Romantiker das Subjektive und Individuelle, gegen harmonische Kunstideale das Unfertige, Fantastische und Grenzenlose. Sie entdecken das Mittelalter als Blütezeit deutscher Kultur für sich neu; künstlerisch sehen sie in Märchen, Sagen und Volksliedern den literarischen Ort deutscher Identität. Die Hoch- und Spätromantik kennzeichnet ein Hang zum Volkstümlichen und Nationalen.

- Gestaltungsmittel: Das *Fragment* als unvollendetes Augenblickswerk gilt als Kunst. Wahrnehmungskombinationen verschiedener Sinne sollen die Wahrnehmungsfähigkeit entgrenzen (→ Synästhesie). Volkslied, Märchen und Sage sollen die einfachen Wahrheiten durch schlichten Klang ausdrücken und das Ursprüngliche beschwören.

- Typischer Wortschatz: *Geheimnis, Wunder, Rätsel, Ahnung, Schicksal, Sehnsucht, Schauer, Grauen, wunderbar, geisterhaft*. Bei Eichendorff wird der Wortschatz formelhaft. Die Formeln kehren immer wieder, sind aber ambivalent: *Nacht, Grund, Fluss, Rauschen, Stille, Wald, Traum, Waldhorn, Schloss* können behütend wie gefährdend wirken; *Paläste* und *Marmorbilder* kennzeichnen südliche Landschaften oder heidnische Gefährdungen (Antike, Nacktheit); *Garten* bedeutet sowohl Ordnung als auch Eingriff in die Natur; *Wanderungen* und *Reisen* stehen gleichzeitig für Aufbruch und Verirrung (darauf weisen auch die Motive der Gedichttitel bei Eichendorff hin, wie zum Beispiel *Wehmut, In der Fremde, Der Verirrte, Der irre Spielmann, Allgemeines Wandern*)

- Bekannte Autoren: von Arnim, Brentano, Günderode, Tieck

3   Aufsatzbeispiel

Einleitung: Generalthese	Joseph von Eichendorff, wohl einer der katholischsten und gläubigsten unter allen Romantikern, thematisiert in seinem Gedicht „Die zwei Gesellen" den Aufbruch und das Scheitern zweier Gefährten.
	In den ersten beiden Strophen berichtet das lyrische Ich vom Schwung dieses Aufbruchs. „Rüstig" (vgl. Z. 1) sind die zwei Gesellen, die erstmals von zu Hause weggehen.
Syntax	Wie wichtig der Weggang den beiden ist, zeigt schon der erste Vers. Der Satz ist umgestellt; das Verb „zogen" (Z. 1) steht an der zweiten Stelle des Verses. Die Gesellen sind begeistert, sie brechen „jubelnd" (Z. 3) auf.
Schlagreim Metapher	Der Schlagreim „Klingenden, singenden" des vierten Verses und die Metapher der Frühlingswellen (vgl. Z. 4f.) deuten auf den begeisterten Schwung des Aufbruchs hin. Auch das betrachtende Ich freut sich über diesen Anblick (vgl. Z. 10). Es nimmt die beiden als besonders zielbewusst wahr; es spricht nicht von irgendwelchen Gesellen, sondern von ganz bestimmten.
Demonstrativpronomen	„Die strebten" und „Die wollten" heißt es in Vers 6 und 7; im wiederholten Gebrauch der Demonstrativpronomen zeigt sich die Besonderheit dieser strebsamen Wanderer, die nach „hohen Dingen" (Z. 6) Ausschau halten und „Was Rechts" (Z. 8) vollbringen wollen. Das bedeutet nichts anderes, als dass sie ganz bestimmt ans Ziel kommen wollen – ein Ziel, das jeder Geselle erreichen will: zur Meisterschaft, zur Erfüllung seiner Fähigkeiten und damit schließlich zu sich selbst. Weder „Lust" noch „Schmerz" (Z. 7) der Welt sollen sie dabei aufhalten.
Aufbau	Die nachfolgenden drei Strophen (Z. 11 bis 25) lenken den Blick einzeln auf die Lebenswege der Gesellen. Erst die letzte Strophe (Z. 26 bis 30) rückt wieder beide Gesellen gemeinsam in den Blickpunkt und knüpft damit an die zwei Eingangsstrophen an.

Binnenstrophen	Die so eingerahmten Binnenstrophen 3, 4 und 5 enthalten die Lebensschicksale der Gesellen und bilden den Geschehens- und Bedeutungskern des Textes.
	Nach einem geradezu kurzen Blick auf den ersten Gesellen in der dritten Strophe wird dem zweiten gleich doppelt so viel Raum gewidmet. Er ist interessanter – dennoch ist er nicht mehr grammatisches Subjekt wie in den Eingangsstrophen.
Grammatik	Er wird zum Objekt (grammatisch wie persönlich) sowie zum Spielball vielfältiger Verlockungen, denen er erliegt. Er zieht nicht mehr (aus), er wird gezogen (vgl. Z. 18). Er singt nicht mehr selbst jubelnd (vgl. Z. 3), sondern wird durch tausendfachen Gesang betört und betrogen (vgl. Z. 16ff.).
Motiv	Eichendorff gebraucht hier ein bezeichnendes Motiv der Antike: den Sirenengesang. Die Sirenen, Fabelwesen mit Vogelleibern und Mädchenköpfen, lockten die Seefahrer durch bezaubernden Gesang weg vom Ziel in die Richtung tödlicher Klippen. Gesang, Schönheit, Lüge und Erotik sind in diesem Motiv eng miteinander verknüpft.
Synästhesie	Die Synästhesie vom „farbig klingenden Schlund" (Z. 20) zeigt ebenso wie die „tausend Stimmen" (Z. 17) die Empfindungsvielfalt, von der der zweite Geselle verschlungen wird. Das Bild der schwungvollen Wellen des Aufbruchs (vgl. Z. 3f.) ist dem der „buhlenden Wogen" (Z. 19) gewichen; diese Wogen umwerben ihn mit Liebesleidenschaft. Sie kommen vom „Grund" (Z. 17) und reißen ihn folgerichtig nach unten in den „Schlund" (Z. 20).
Vokalität / Reim	Dunkel ist der Klang der Endreime geworden, unheimlich das Schicksal des Gesunkenen.
Enjambements **Zeilenstil**	Die fünfte Strophe formuliert das Ende eines solchen abenteuerlichen Lebens. War die vierte Strophe von Enjambements beherrscht, die das Tempo und die Zwangsläufigkeit dieses Untergangs in einem einzigen Satz beschworen, so steht der Zeilenstil nun im Vordergrund. Ein selbstständiger Satz nach dem anderen zementiert und variiert das Scheitern des Gesellen in den Versen 23 bis 25.

Chiffren	Das gesunkene Lebensschiff, Stille und Kälte sind Chiffren der Verlassenheit. Bei genauer Betrachtung lassen sich nicht nur Müdigkeit und Alter als Lebensergebnis des Gesellen ausmachen, sondern auch der Verlust der Orientierung.
Grammatik	Die bewusst falsch gebrauchten Akkusative „in die Runde" (Z. 24) und „über die Wasser" (Z. 25) erweitern den Raum der Stille und des Wehens der Kälte (vgl. Z. 25). In der Runde ist es still, nicht in sie hinein; über den Wassern oder über dem Wasser weht es, nicht über die Wasser, wie der Dichter formuliert.
	Ergeht es dem anderen Gesellen besser? Nur auf den ersten Blick scheint das so. Ein gewisser Erfolg ist ihm nicht abzustreiten; in nur einer Strophe kommt er zu Frau, Kind und Besitz. Aber ist er wirklich Herr seines Schicksals, weil er im Gegensatz zu seinem Gefährten grammatisch das handelnde Subjekt ist?
Epochenbild	Wie aktiv ist er denn, gemessen am Männerbild des 19. Jahrhunderts, zu dem die späte Romantik gehört? Das „Liebchen" (Z. 11) musste er nicht lange suchen; schon in der ersten Zeile der Strophe hat er es gefunden. Den Besitz hat er nicht erworben, die Schwiegermutter hat ihn gekauft (vgl. Z. 12). Untätig fällt sein begrenzter Blick nicht mehr in die weite Welt, sondern nur „ins Feld hinaus" (Z. 15). Die Behaglichkeit (vgl. Z. 15) ist sein Ideal. Ein rechte Spießer-Existenz also – und Eichendorff spitzt sie karikierend zu.
Diminutive	Die Diminutive der Endreime in den Versen 11, 13 und 14 hörten sich – mit Eichendorffs schlesischem Akzent – wohl „Biebchen", „Stiebchen" und „Liebchen" an.
Karikatur	Vollends als lächerliche Figur erlebt das Ich diesen Gesellen in der Mutterpose des Kinderwiegens. Die im 19. Jahrhundert gering geachtete Frauenrolle hat der Mann, der nach „hohen Dingen" (Z. 6) greifen wollte, übernommen.
	Beide Gesellen haben ihr Ziel verfehlt. Der eine hat sich in Abenteuern und Leidenschaften verloren, der andere sich in der Beschränkung der Häuslichkeit

Lyrisches Ich

aufgegeben. Nach dem doppelten Scheitern der gemeinsam Ausgezogenen gewinnt die letzte Strophe besondere Bedeutung.

Erst dort lässt Eichendorff das lyrische Ich sich benennen. Es knüpft an die Betrachtungen der Eingangsstrophen an und nimmt ihre Motive und Bilder wieder auf, jedoch durch die Erinnerung an das Schicksal der zwei gescheiterten Gesellen in anderer Weise.

Wieder ziehen zwei Gesellen in die Welt (vgl. Z. 28), aber die Reflexion des Ichs ist nun grundsätzlich geworden. Vokabular und Sachverhalt der ersten Strophe wiederholen sich, jedoch in Syntax und Klang verändert.

Versmaß / Reim

Der reine Daktylus der vierten Verszeile ist gebrochen, der Schlagreim verschwunden, die Reihenfolge der Verben im Vers 26 vertauscht. Die Begeisterung des Aufbruchs ist durch die Lebenserfahrung des Ichs verschwunden und der Trauer gewichen (vgl. Z. 29).

Pronomen

Nicht nur zeigt sich das Ich erstmals deutlich, auch die Pronomen (vgl. Z. 27 bis 30) zeigen, wie sehr das Versagen der Gesellen die Menschen allgemein betrifft: Dem Ich kommen angesichts des traurigen Ergebnisses die Tränen (vgl. Z. 29). Der Gedankenstrich am Ende der Verszeile 29 zeigt, dass das Ich einen Ausweg sucht. Es findet ihn im Stoßgebet zu Gott. Mit diesem Gebet, das „uns" (Z. 30) allen gilt, endet das Gedicht.

Komposition

Dass in Eichendorffs Gedicht „Die zwei Gesellen" eine ganz fundamentale Erfahrung thematisiert wird, beweist ein Blick auf die kunstvolle Komposition des Gedichts.

Zweistrophig und konkret beginnt der Auszug der Gesellen, einstrophig und allgemein wird über ihr Schicksal am Schluss reflektiert. Ein Ich, das sich erst in der letzten Strophe zeigt, resümiert das ganze Leben der Gesellen, über das in allen vorangehenden Strophen berichtet worden ist. Dieses Wechselspiel von Weite und Beschränkung kennzeichnet die gesamte Komposition des Textes; in ihr spiegelt sich die doppelte Gefährdung des Lebens. Von den drei Bin-

nenstrophen widmen sich zwei dem ausschweifen-
den Menschentyp, der genauso scheitert wie der
beschränkte, der in nur einer Strophe abgetan wird.
In den zwei Einleitungsstrophen der Rahmenhandlung öffnet sich der Blick auf ein scheinbar weites
und aussichtsreiches Leben bestimmter Gesellen, in
einer einzigen Schlussstrophe des Rahmens wird
ganz allgemein das Risiko des Lebens ohne Gottes
Leitung beschworen. Lebensverkürzung und Lebens-
erweiterung sind gleichermaßen vom Scheitern
bedroht.

Die Schlusszeilen aller Strophen enden mit jeweils
einer eher erfreulichen oder betrüblichen Aussage.
Betont werden sie durch den vorangehenden Paarreim, der innerhalb des Fünfzeilers eine Art Stau bewirkt und so dem Schlussvers besonderes Gewicht
verleiht. Der Ausweitung und dem plötzlichen Ende
von Lebensplänen wird durch dieses Auf und Ab
auch klanglich Ausdruck verliehen.

E Rainer Maria Rilke:
Spätherbst in Venedig

Nun treibt die Stadt schon nicht mehr wie ein Köder,   1
der alle aufgetauchten Tage fängt.
Die gläsernen Paläste klingen spröder
an deinen Blick. Und aus den Gärten hängt

der Sommer wie ein Haufen Marionetten   5
kopfüber, müde, umgebracht.
Aber vom Grund aus alten Waldskeletten
steigt Willen auf: als sollte über Nacht

der General des Meeres die Galeeren   9
verdoppeln in dem wachen Arsenal[1],
um schon die nächste Morgenluft zu teeren

mit einer Flotte, welche ruderschlagend   12
sich drängt und jäh, mit allen Flaggen tagend,
den großen Wind hat, strahlend und fatal[2].

(1908)

1 Geräte- und Waffenlager; in Venedig eigener Stadtteil mit militärischen Hafenanlagen
2 Moderne Bedeutung: in Verlegenheit bringend, misslich; ursprüngliche Bedeutung:
  schicksalhaft, vom Schicksal bestimmt

1   Zugang über Bild und Klang

Als Zugang zum Text wählen wir bei diesem Gedicht den Weg über Bild und Klang. Auch wenn Sie nicht unbedingt auf Anhieb den Grundgedanken des Textes erkennen, so werden doch der Titel und manche Wendungen Bilder vor Ihrem inneren Auge entstehen lassen, denen wir systematisch nachgehen wollen.

Eine Bildersprache zu entschlüsseln heißt → Symbole zu erkennen, → Metaphern aufzulösen und → Bilder zu erläutern. Sind Bilder und Dinge nicht ganz eindeutig, so sprechen wir von → Chiffren. Aus dem Zusammenhang ihrer Verwendung lässt sich erschließen, worauf sie verweisen. Automatisch müssen wir damit nach der Bedeutung von Wörtern und Begriffen fragen – bei der Entschlüsselung von Bildern also zugleich eine → semantische Methode anwenden.

Rainer Maria Rilke (geboren 1875 in Prag, gestorben 1926 in Valmont/Schweiz), verwandelt in vielen seiner Gedichte die Realität in ein Kunstbild, welches das besondere Wesen der jeweiligen Wirklichkeit festhält. Berühmt geworden sind *Der Panther* oder *Das Karussell*. Mehrfach hat Rilke Venedig besucht. In seinem modernen, vom Gefühl eines Endzeitbewusstseins geprägten Roman *Die Aufzeichnungen des Malte Laurids Brigge*, der ein „neues Sehen" thematisiert, das Unbewusste, das hinter den Dingen liegt, durch Sprache sichtbar macht, wird auch eine Gruppe von Venedig-Reisenden als in Wahrheit oberflächliche Touristen abgetan.

Über Rilke müssen Sie nicht unbedingt viel wissen um den Text zu entschlüsseln, aber einige Kenntnisse über den Autor und seine Zeit können nützlich sein. Wenn Sie ohne außertextliche Hilfen → werkimmanent interpretieren wollen, dann lesen Sie die folgende Info über die Literatur der Jahrhundertwende erst später zur eigenen Kontrolle durch.

Lyrik um 1900 – Impressionismus und Symbolismus

- Blütezeit: 1890 –1910; Rilke ist nicht ohne weiteres einer Epoche zuzuordnen, wie sich überhaupt die Literatur um 1900 einer klaren Kategorisierung entzieht. Zu viele Strömungen überschneiden sich, Tradition und Moderne stehen nebeneinander. Rilke schreibt zu einer Zeit, die unter den Bezeichnungen *Jugendstil, Dekadenz, Impressionismus, Neuromantik, Symbolismus* etc. in der Literaturgeschichte erscheint. Diese literarisch unscharfen Begriffe werden häufig von der Umschreibung *Literatur um 1900* ersetzt.

- Lebensgefühl: Die Rationalität der Zeit wird als unbefriedigend empfunden um die Welt begreifen zu können. Endzeitstimmung und Skepsis gegenüber dem beginnenden Zeitalter der Massen und der Technik prägen das kulturelle Lebensgefühl der Autoren. Die Unmöglichkeit, die Dinge zu beschreiben und entscheidende Seelenzustände sprach-

lich auszudrücken, bestimmt die Arbeit der Schriftsteller. Zwecklose
poésie pure und eine Haltung des *l'art pour l'art* sind ein Ausweg aus
den Zweifeln, die Wirklichkeit richtig wiedergeben zu können.

- Historische Schlüsselerfahrung: Das selbstgewisse, wirtschaftlich und
  politisch auftrumpfende Verhalten des wilhelminischen Bürgertums
  führt zum Versuch, das „Sein der stummen Dinge" einzufangen, hinter
  Oberflächen zu schauen, Seelenlagen zu ergründen. Distanz durch
  feinsinnige Kunst gegenüber der protzigen Gesellschaft wird gesucht,
  besonders in zwei Stiltendenzen der Lyrik: *Impressionismus* und
  Symbolismus.

- Beispiel für die Lyrik des Impressionismus (Friedrich Nietzsche):

  Venedig
  An der Brücke stand
  jüngst ich in brauner Nacht.
  Fernher kam Gesang:
  goldener Tropfen quoll's
  über die zitternde Fläche weg
  Gondeln, Lichter, Musik –
  trunken schwamm's
  in die Dämmerung hinaus. (…)

Merkmale: freie Rhythmen, Lichtwerte, Farbwerte, Klänge, visuelle und aku-
stische → Synästhesien

- Beispiel für die Lyrik des Symbolismus (Stefan George):

  Komm in den totgesagten park und schau:
  Der schimmer ferner lächelnder gestade·
  Der reinen wolken unverhülltes blau
  Erhellt die weiher und die bunten pfade.

  Dort nimm das tiefe gelb das weiche grau
  von birken und von buchs der wind ist lau. (…)

Merkmale: einzelne Farbtupfer, → Synästhesien, Verknüpfung innerer
Zustände mit erlesener Landschaft, Fremdheit gegenüber der
Lebensfülle

Beide Beispiele zeigen den Versuch, Wahrnehmungen ins Wesentliche
eines Seelenzustands zu verwandeln. Es entsteht ein impressionis-
tisch wahrnehmender Symbolismus.

- Bekannte Autoren: Hofmannsthal, George, Rilke, Nietzsche

2   Arbeitsschritte

Auch ohne die Infos zur Lyrik um 1900 kommen Sie bei der Analyse weiter, wenn Sie zuerst überlegen, was Sie über *Venedig* wissen, was *Spätherbst* ist, welche Art zu reisen um 1900 populär war. Aber fangen wir systematisch an.

1   Markieren Sie alle Wendungen und Einzelwörter, die Ihnen sofort ein Bild vor Augen führen.

So sollte Ihr Text markiert sein:

Spätherbst in Venedig

1   Nun treibt die Stadt schon nicht mehr wie ein Köder,

der alle aufgetauchten Tage fängt.

Die gläsernen Paläste klingen spröder

an deinen Blick. Und aus den Gärten hängt

5   der Sommer wie ein Haufen Marionetten

kopfüber, müde, umgebracht.

Aber vom Grund aus alten Waldskeletten

steigt Willen auf: als sollte über Nacht

9   der General des Meeres die Galeeren

verdoppeln in dem wachen Arsenal,

um schon die nächste Morgenluft zu teeren

12   mit einer Flotte, welche ruderschlagend

sich drängt und jäh, mit allen Flaggen tagend,

den großen Wind hat, strahlend und fatal.

Das sind gar nicht so viele Bilder, die wir uns ziemlich eindeutig vorstellen können. Manche sind noch zusätzlich hinter Stilfiguren und Kompositionen verborgen. Dennoch lassen sich jetzt zwei Bereiche, denen diese Bilder zuzuordnen sind, ausmachen. Schauen Sie genau hin!

2   Von welchen zwei Bereichen Venedigs ist die Rede?

Stadt und *Meer* sind die eindeutigen Bezirke, in denen das Venedig-Erlebnis Rilkes – ein → lyrisches Ich fehlt – sichtbar wird.

3   Betrachten wir das Bild der Stadt aus dem ersten Satz genauer. In welchem Zustand ist Venedig im Spätherbst, so wie Rilke es sieht? Markieren Sie den hierfür wichtigen Begriff.

Das Wort, das Sie markiert haben sollten, steht am Ende der ersten Zeile: *Köder*.

4   Markieren Sie, was zum Bild des Köders gehört und notieren Sie, welche weiteren Bedeutungen diese Begriffe haben.

So sollte Ihr Notizzettel aussehen:

1   Nun treibt die Stadt schon nicht mehr wie ein Köder,

der alle aufgetauchten Tage fängt.

Köder   =   Falle, Verlockung, Hinterhalt

treiben   =   das Dahintreiben, das Willenlose

Ein Köder treibt auf der Oberfläche dahin um Beute anzulocken.

Gefangen werden Tage, die nur aus der Tiefe auftauchen können.

Der Köder lockt sie an um sie zu verderben.

5   Wann geschieht das?

In der ersten Zeile heißt es: *nicht mehr* – und dieser Zeithinweis bezieht sich auf die im Titel genannte Jahreszeit, auf den *Spätherbst*, die Nachsaison. In ihr ändert sich das Wesen der Stadt.

6   Untersuchen Sie am folgenden Bild genau, was sich außerdem ändert.

3   Die gläsernen Paläste klingen spröder

an deinen Blick. (…)

Wenn die Zeit des Köderns vorbei ist, ändert sich noch mehr. Wenn etwas *spröder* wird, muss es vorher weniger spröde gewesen sein. Es gibt spröde Stoffe, sprödes Material oder spröde Menschen. *Unzugänglichkeit* ist der gemeinsame Nenner dieser Beispiele. Unzugänglicher wird anscheinend auch Venedig im Spätherbst.

Der oben zitierte Textausschnitt enthält eine → Synästhesie. Das bedeutet: Eindrücke verschiedener Sinne werden → metaphorisch gekoppelt, um eine besonders intensive Wahrnehmung gleichzeitiger Empfindungen wiederzugeben. Im Textausschnitt (= Zeile 3f.) wird ein optischer Vorgang durch ein akustisches Phänomen ausgedrückt und in den Bereich des Tastsinns einbezogen.
In Venedig gibt es keine Glaspaläste. Die Paläste, die in der Sommersaison *gläsern* – also jedermann zugänglich und einsehbar – waren, weisen nun den Blick zurück, der auf sie prallt: sie *klingen spröder*; die steinerne Architektur zeigt ihr wahres Wesen.

7   Prüfen Sie jetzt Form und Bedeutung des letzten Bilds aus dem Bereich der Stadt. Denken Sie dabei daran, wofür Venedig auch heute noch berühmt ist.

(…) Und aus den Gärten hängt

5   der Sommer wie ein Haufen Marionetten

kopfüber, müde, umgebracht.

Alle Welt fährt zum Karneval nach Venedig. Venedig ist noch immer die Stadt der großen Auftritte. Ob es Konzerte von Pink Floyd oder James-Bond-Filme sind – Venedig war und ist die Stadt der Events, der Oper, des Theaters, der Maskerade, der Illusion.
In Vers 6 des Textes ist es damit vorbei. Die → Klimax *kopfüber, müde, umgebracht* zeigt es, durch den Ach-Laut von *umgebracht* noch verstärkt. Die Sommersaison hat jedes Leben verloren. Das Gartenbild ruft welke Blumen ins Gedächtnis; der Vergleich mit den an Schnüren geführten Marionetten hebt hervor, dass hier nur eine Theatervorstellung gegeben wird. Der Marionetten-Haufen lebt in Wahrheit nicht – die Illusion ist vorüber.

Fassen wir zusammen

Die Überschrift des Gedichts ruft die Vorstellung vom Ende der Touristensaison ins Gedächtnis. Die Stadt ist nicht mehr offen für jedermann, sie lockt nicht mehr wie ein Köder. Die Stadt wehrt sich jetzt gegen die Zudringlichkeiten der Blicke von Reisenden, die nur Sehenswürdigkeiten abhaken wollen. Mit Sprödigkeit weist sie nun den Blick des Besuchers ab, statt zu treiben leistet sie Widerstand. Im Bild welker Sommerblumen, verknüpft mit der Szenerie fallen gelassener Marionetten, manifestiert sich das Ende der saisonalen Illusion.

8 Welches Bilder aus dem Bereich des Meeres setzt Rilke dem Venedig der Hochsaison entgegen?

Schauen Sie hierzu noch einmal auf diese Textmarkierungen von Aufgabe 1:

7 Aber vom Grund aus alten Waldskeletten

steigt Willen auf: als sollte über Nacht

9 der General des Meeres die Galeeren

verdoppeln in dem wachen Arsenal,

um schon die nächste Morgenluft zu teeren

12 mit einer Flotte, welche ruderschlagend

sich drängt und jäh, mit allen Flaggen tagend,

den großen Wind hat, strahlend und fatal.

9 Erläutern Sie den Signalwert der markierten Anschauungsbegriffe aus dem Seebereich.

Das haben Sie wahrscheinlich notiert:

Waldskelette =	vermutlich Hinweis auf die einstige Flotte Venedigs;
	eventuell auch Anspielung auf die Pfahlbau-
	konstruktionen (passt aber nicht so gut
	in den Kontext)
Galeeren =	großes Ruder- und Segelschiff, für Handel
	und Kriegsführung verwendet
Flotte =	Ausdruck einer Seemacht
Flagge =	politisches Hoheitszeichen

10   Welches Bild Venedigs lässt Rilke durch diesen einzigen Satz (Zeile 7 bis 14) erscheinen?

Aus dem Grund, auf dem das Zeichen der einstigen Größe Venedigs (Flotte) ruht, kommt der willensstarke Ausdruck der Stadt, der ihr am Ende der Saison (Spätherbst) in den Augen des Betrachters wieder zuwächst. Im Irrealis des achten Verses (*als sollte*) wird die Größe Venedigs beschworen, die aus der Vergangenheit kommt und dem Kenner endlich wieder sichtbar werden kann. Am Ende des Gedichts steht aber der Indikativ *hat* (Zeile 14), der die Wirklichkeit des Unbewussten ausdrückt. Dieser Gedanke impliziert auch Kritik am dekadenten Zustand des für Rilke gegenwärtigen Venedigs.

11   Wodurch gerät das Seebild des wahren Venedigs in Kontrast zum Venedig der Illusion? Schauen Sie sich zunächst die Textanfänge der zwei Venedigbilder genau an und vergleichen Sie dann.

7   Aber vom Grund aus alten Waldskeletten

steigt Willen auf (…)

1   Nun treibt die Stadt schon nicht mehr wie ein Köder,

der alle aufgetauchten Tage fängt.

Auch ohne Markierungen sehen Sie die deutlichen Unterschiede in Bild und Sprache: *treiben* steht gegen *Willen*, *Köder* gegen *Grund*, *steigt auf* gegen *aufgetaucht*. Was vergeblich aufgetaucht war, vom sommerlichen Venedig der Oberflächlichkeit abgefangen und gefällig verändert wurde, dringt nun immer heftiger bis zum Ende des Gedichts ins Bewusstsein, als sei es wirklich an der Oberfläche. Dass es sich hierbei um einen bewussten Gegensatz handelt, beweist das → adversative *Aber* (Zeile 7), mit dem das gesamte Meeres- und Flottenbild eingeleitet wird.

12   Wodurch erhält die zweite Gedichthälfte (Zeile 7 bis 14) ihre Kraft und Eindringlichkeit? – Lesen Sie dazu den Text laut und besonders betont. Stellen Sie dann in Form einer Liste die Substantive zusammen, die die zweite Gedichthälfte beherrschen, um zu sehen, was dieses Vokabular suggeriert.

So wird Ihre Liste etwa aussehen:

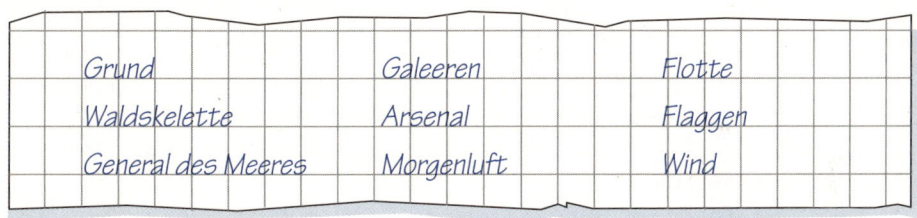

Grund	Galeeren	Flotte
Waldskelette	Arsenal	Flaggen
General des Meeres	Morgenluft	Wind

Nicht alle, aber doch die meisten dieser Bezeichnungen deuten auf etwas Gewaltiges, auf etwas Neues oder Beeindruckendes hin. Die Begriffe entstammen dem militärischen Sprachgebrauch oder dem der professionellen Seefahrt.

13   Vergleichen Sie nun den Bedeutungsunterschied der Verben (und Verbformen) der zweiten Gedichthälfte (Zeile 7 bis 14) mit denen des Textanfangs (Zeile 1 bis 6). Am schnellsten sehen Sie die Unterschiede, wenn Sie sich eine Tabelle machen.

Ihre Tabelle wird so aussehen:

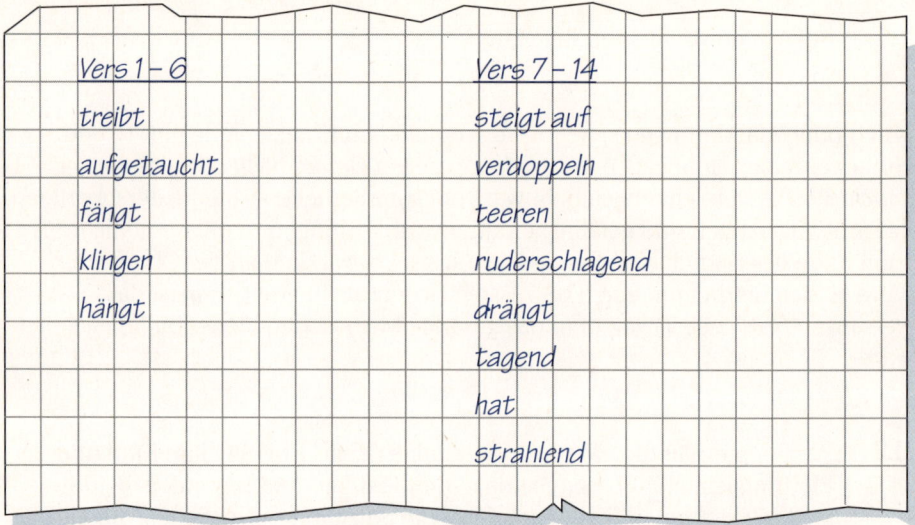

Vers 1 – 6	Vers 7 – 14
treibt	steigt auf
aufgetaucht	verdoppeln
fängt	teeren
klingen	ruderschlagend
hängt	drängt
	tagend
	hat
	strahlend

Sie sehen sofort: Abgesehen von der größeren Zahl der Verben weist der zweite Teil des Gedichts – der ja mehr als eine Hälfte ist – die aktiven, dynamischen Verben auf.

14   Versuchen Sie jetzt noch herauszufinden, was im Bercich des Venedig des Meeres einen anderen Klang verursacht als im Venedig der Sommersaison. Betrachten Sie genau, wie das Vokabular klanglich kombiniert ist. Am besten lesen Sie den Text ab Vers 7 laut und rhythmisch vor. Wagen Sie ruhig etwas Pathos!

Nicht nur die Galeeren werden verdoppelt, sondern auch die Laute: Nicht vom Zeughaus oder Gerätelager, sondern vom *Arsenal* ist die Rede. *General* steht neben *Meeres*, *Galeeren* und *teeren*. Auf *drängt* folgt *jäh*, auf *Flaggen tagend*, *strahlend* und *fatal*.

Fassen wir zusammen

Im Gedicht taucht nicht nur ein bislang unsichtbares Venedig auf, das Rilke sichtbar macht – er verwandelt es auch in ein hörbares. Die Laute *a*, *e* und *ä* klingen wie Signaltrompeten, die sich klanglich ins Bild der aufbrechenden Großflotte einfügen. *Fatal* heißt ursprünglich *rätselhaft* und *schicksalhaft*, aber auch die moderne Bedeutung *verhängnisvoll* zeigt, wie anders das wirkliche Venedig im Gegensatz zum Ort der Touristen ist: gewachsen, spröde, historisch, strahlend und fatal.

15 Überlegen Sie zum Schluss, warum ein so modernes Gedicht, das das Unbewusste und Vergangene sichtbar macht, in der Form eines → Sonetts geschrieben ist?

Sollten Sie zur Beantwortung dieser Frage keine Idee haben, so finden Sie im Aufsatzbeispiel einige Gedanken, die Sie herausfiltern können. Aber versuchen Sie es erst einmal selbst, bevor Sie die nächsten Seiten lesen.

3   Aufsatzbeispiel

Einleitung: Autor	Rilke hat in vielen Gedichten, die um die Wende vom 19. zum 20. Jahrhundert entstanden sind, die Wirklichkeit in ein Kunstbild umgewandelt. In „Der Panther" und „Das Karussell" sind aus Beobachtungen symbolische Impressionen geworden. „Das Karussell" wurde mit seinem Refrain „und dann und wann ein weißer Elefant" zum Ausdruck eines unregelmäßigen, aber immer wiederkehrenden Eindrucks. „Der Panther" ist das Bild einer beherrschten Selbstgenügsamkeit, die die Welt nicht braucht. Auch in „Spätherbst in Venedig" verwandelt Rilke das geläufige Bild dieser Stadt in das künstlerische Bild einer tieferen Wahrnehmung.
Hinweis auf Textende	Das Bild Venedigs in der ersten Strophe des Sonetts ist noch rätselhaft und undeutlich, es erschließt sich erst vom Ende des Textes her. Es gibt jedoch einige Bilder, die erklären, welches Venedig der Leser hier anfangs vor sich sieht.
1. Bild der Stadt Illusion	In drei Sätzen und nur sechs Verszeilen vermittelt sich dieses Bild, welches ab der ersten Verszeile eigentlich „schon nicht mehr" (Z. 1) gilt. Als „Köder" (Z. 1) erscheint die Stadt bis zum Spätherbst, sie „treibt" (Z. 1), ist also willenlos, ist Beute und Lockmittel zugleich. Der Begriff „Touristenfalle" drängt sich auf. Gefangen werden darin nicht nur die reisenden Besucher, sondern alle „aufgetauchten Tage" (Z. 2), worin sich ein nicht ganz griffiger Hinweis auf das Alltägliche der Saison, auf das Vertun der Zeit verbirgt. Aber diese Impression bricht ab und wird nicht weiter ausgeführt; erst später erhellt sich ihre tiefere Bedeutung.
Enjambement / Synästhesie Wahrnehmungsfülle	Ein neues Bild erscheint im Enjambement vom dritten zum vierten Vers. Die Synästhesie von den Palästen, die an den Blick des Betrachters „klingen" (Z. 3), verdeutlicht die Fülle von sinnlichen Wahrnehmungen, die das nachsaisonale Venedig für den kenntnisreichen Autor verwandeln. Mit großer Intensität – beinahe körperlich – erlebt er die Metamor-

phose der Stadt in ihr anderes Selbst. Die Paläste sind nicht mehr „gläsern" (vgl. Z. 3), nicht mehr jedem zahlenden Touristen offen und zugänglich, sondern sie offenbaren ihre steinerne und grandiose Architektur. Sie sind „spröder" (Z. 3), also unzugänglicher als vorher. Der Betrachter „hört" und „fühlt" sie jetzt.

Impressionen

Auch diese Impression löst sich nach eineinhalb Versen auf, um der nächsten Raum zu geben. In Vers vier bis sechs verbindet sich das Bild welkender Sommerblumen mit der alten Vorstellung vom beendeten Spiel.

Vergleich

Wie „ein Haufen Marionetten" (Z. 5) hängen die Blumen aus den Gärten. Der Vergleich mit den leblosen, ungeordneten Figuren eines Puppenspiels, deren Lenker ihre Schnüre fallen gelassen haben,

Desillusion

bezeichnet das Ende der saisonalen Illusion. Das täuschende Spiel ist vorbei.

Klimax

Die Klimax „kopfüber, müde, umgebracht" (Z. 6), in einem Ach-Laut endend, verstärkt noch einmal diesen Schlusspunkt.

2. Bild der Stadt

Das Bild des anderen – des eigentlichen – Venedig entfaltet sich dann plötzlich mitten im zweiten Quartett des Sonetts in einem einzigen Satz, der mit

Enjambements

Enjambements jeden Vers bis zum fanfarenartig tönenden Schluss überspielt.

Adversative Konjunktion

Mit der adversativ gestellten Konjunktion „Aber" (Z. 7) beginnt dieses Bild sich dynamisch auszubreiten. Ein vergleichender Blick auf die Eingangsverse zeigt die neue Situation. „Willen" (Z. 8) wird gegen „treibt" (Z. 1) gesetzt, „Köder" (Z. 1) gegen „Grund" (Z. 7), „steigt … auf" (Z. 8) gegen „aufgetauchten" (Z. 2).

Bedeutungsfülle

Die Formulierung „vom Grund" (Z. 7) besitzt eine räumliche und zeitliche Bedeutung. Der Grund verweist auf die historische Bedeutung der Stadt ebenso wie auf den Meeresgrund, der die Pfahlbaukonstruktion Venedigs trägt. Aus den „Waldskeletten" (Z. 7) am Grund „steigt Willen auf" (Z. 8), der sich gegen das wie ein „Köder" (Z. 1) willenlos treibende Venedig des touristischen Genusses erhebt. Auch die

Bedeutung der „Waldskelette" (vgl. Z. 7) ist schillernd. Der Bezug zu den Pfahlkonstruktionen liegt zwar nahe, das Gesamtbild der zweiten Gedichthälfte betont aber doch mehr die einstige Flotte der alten See- und Großmacht Venedig. Dieses im Bewusstsein des Betrachters Rilke entstehende Bild war in der sommerlichen Stadt vergeblich nur „aufgetaucht" (vgl. Z. 2); es war vom Venedig der Oberflächlichkeit abgefangen und gefällig verändert worden. Nun dringt es endlich an die Oberfläche und ins Bewusstsein von Sprecher und Leser.

**Vokabular:
Militär und Seefahrt**

Von Aktivität und Größe wird dieses andere Venedig-Bild beherrscht. Das substantivische Vokabular entstammt zum größten Teil dem Sprachbereich des Militärs und der Seefahrt: „Flotte" (Z. 12) und „Flaggen" (Z. 13), „Morgenluft" (Z. 11) und „Wind" (Z. 14), „Galeeren" (Z. 9) und „Arsenal" (Z. 10) führen die glänzende, geballte Seemacht des alten Venedigs visionär vor Augen. Kraft und Tempo bestimmen die Erscheinung des wahren Venedigs. Über Nacht sollen seine Galeeren verdoppelt werden (vgl. Z. 8 bis 10). Nicht mehr Müdigkeit kennzeichnet die Stadt, sondern Leben. Das Arsenal ist wach; die Partizipien „ruderschlagend" (Z. 12) und „tagend" (Z. 13) veranschaulichen die kraftvolle Präsenz der vorgestellten Flotte.

Dynamische Verben

Diese Flotte erscheint nicht als schönes Bild vergangener Zeiten. Rilke lässt sie vielmehr durch den Gebrauch dynamischer und aktiver Verben handeln: sie teert die Luft (vgl. Z. 11), sie tagt (vgl. Z. 13), sie „drängt" (Z. 13), sie strahlt (vgl. Z. 14) – und ihr Bild tönt.

Vokaldoppelung

Verdoppelt werden nicht nur die Galeeren (vgl. Z. 9f.), sondern auch der Lautbestand. Wenn sich durch Wiederholung und Doppelung Vokale aneinander reihen, dann können diese Trompetensignale von niemandem überhört werden: dem „General des Meeres" (Z. 9) folgen die Wörter „Galeeren" (Z. 9) und „teeren" (Z. 11), dem „wachen Arsenal" (Z. 10) „Flaggen" (Z. 13), tagend (Z. 13), „fatal" (Z. 14) und „strahlend" (Z. 14); dazu sind noch „drängt" und „jäh" (Z. 13) gepaart.

Irrealis	Natürlich ist auch dieses Bild Venedigs eine Illusion – oder besser: eine künstlerische Vision, die mit dem Irrealis „als sollte" (Z. 8) eingeleitet wird.
Indikativ	Aber diese Vision ist im letzten Vers mit dem Indikativ „hat" (Z. 14) zur bestimmenden Vorstellung des eigentlichen Venedigs geworden. „Strahlend und fatal" (Z. 14) wird das Gegenbild zur falschen, dekadenten Reisekulisse im Sommer gezeichnet – „fatal" in der ursprünglichen Bedeutung des Wortes als schicksal- oder rätselhaft.
Gegensatz zwischen Gedichtform und Sprachstil	Rätselhaft bleibt das Gedicht in manchen Nebenbedeutungen und Bildern, die nicht restlos auflösbar sind. Die schnell erlöschenden Impressionen des Anfangs, die Synästhesien der ersten Verse, die Rhythmik, die gegen das jambische Metrum dem Ende zustrebt, die gegeneinander gesetzten und doch auch manchmal verfließenden Bilder – all diese Stil- und Ausdruckselemente widersprechen der klaren und statischen, traditionellen Form des Sonetts. Darin liegen aber der ästhetische Reiz und die Modernität des Textes begründet.

F Georg Trakl: *An die Verstummten*

1 O, der Wahnsinn der großen Stadt, da am Abend

An schwarzer Mauer verkrüppelte Bäume starren,

Aus silberner Maske der Geist des Bösen schaut;

Licht mit magnetischer Geißel die steinerne Nacht verdrängt.

O, das versunkene Läuten der Abendglocken.

6 Hure, die in eisigen Schauern ein totes Kindlein gebärt.

Rasend peitscht Gottes Zorn die Stirne des Besessenen,

Purpurne Seuche, Hunger, der grüne Augen zerbricht.

O, das gräßliche Lachen des Golds.

10 Aber stille blutet in dunkler Höhle stummere Menschheit,

Fügt aus harten Metallen das erlösende Haupt.

(1913)

Meistens analysieren wir die Gedichte in diesem Buch → werkimmanent. Aber immer wieder zeigt sich, dass Zusatzkenntnisse aus den Bereichen der Geschichte, der literarischen Epoche oder der Biografie des Autors den Zugang zu einem Text stützen und leiten können.

Die Biografie Georg Trakls gibt tiefe Einblicke in sein Weltbild. Geboren im Jahr 1887 wächst er als Kind strenggläubiger Protestanten inmitten der katholischen Welt Salzburgs auf. Er ringt in seinem literarischen Werk um eine eigene Form vor einer Stadtkulisse aus Kirchen, Klöstern, Domen – vor einer Architektur überwältigender Formen. Zu seiner Schwester unterhält er ein inzestuöses Liebesverhältnis, das ihn mit Schuldkomplexen belastet. Der Beruf des Apothekers öffnet ihm früh den Weg zu betäubenden und bewusstseinserweiternden Drogen. Mit einer Überdosis Kokain setzt er seinem Leben 1914 ein Ende, als er als Sanitäter das Grauen des Ersten Weltkrieges nicht mehr erträgt.

Geübt, wie Sie jetzt sind, könnten Sie sich mit verschiedenen Methoden dem Text nähern. Eine Möglichkeit wäre die biografische Methode, wenn Sie sich schon näher mit Trakl befasst haben.

Wie Rilke von Venedig, so war auch Georg Trakl von einer bestimmten Stadt besonders fasziniert – von seiner Heimatstadt Salzburg. Es bietet sich also an, das Bild der Stadt bei Rilke und Trakl zu vergleichen, um die Besonderheit von Trakls Dichtung zu erschließen. Wenn wir mit dieser Methode nicht weiterkommen, scheitern wir nicht, sondern wählen eben eine für diesen Text besser geeignete Vorgehensweise.

1   Suchen Sie – wie bei Rilkes Venedig-Text (siehe Seite 81) – die zwei Grundbestandteile, die das Bild der Stadt bei Trakl ausmachen.

1. Strophe: Augenblickseindruck einer bedrohlich wirkenden Stadt bei Beginn der Nacht

2. Strophe: Eindrücke von geplagten und zerstörten Menschen dieser Stadt

2   Markieren Sie die bedrohlichen Elemente in der ersten Strophe sowie die zerstörerischen der zweiten Strophe.

Folgende Stellen werden Sie markiert haben:

1   O, der Wahnsinn der großen Stadt, da am Abend

An schwarzer Mauer verkrüppelte Bäume starren,

Aus silberner Maske der Geist des Bösen schaut;

Licht mit magnetischer Geißel die steinerne Nacht verdrängt.

O, das versunkene Läuten der Abendglocken.

6   Hure, die in eisigen Schauern ein totes Kindlein gebärt.

Rasend peitscht Gottes Zorn die Stirne des Besessenen,

Purpurne Seuche, Hunger, der grüne Augen zerbricht.

O, das gräßliche Lachen des Golds.

3   Welche Bilder lassen sich nun konkretisieren? Was für eine Art Stadt wird
hier gezeigt?

Die Stadt bleibt anonym. Die schaurigen Bilder sind eher allgemein und metaphorisch, manchmal typisch für eine Großstadt, so zum Beispiel die Wendung
vom *Wahnsinn der großen Stadt* (Zeile 1). Es gibt keine Entschlüsselung wie bei
der Vision des wirklichen Venedig in Rilkes Gedicht.

Sie sehen: Das Experiment des Motivvergleichs wird immer schwieriger. Sie finden
bei Trakl nur verallgemeinernde Aussagen. Wenn Sie nicht den problematischen
– weil äußerst exakte Kenntnisse fordernden – autobiografischen Weg gehen wollen, müssen Sie einen anderen Zugang suchen.

1   Zugang über Sprache und Ausdruck

Um nicht in ein unentwirrbares Durcheinander zu geraten, wie es die Traum-
technik Trakls leicht verursachen kann, gehen Sie am besten wieder systematisch
vor. Untersuchen Sie Syntax, Sprache und Bildlichkeit des Gedichts – aber getrennt nach unterschiedlichen Kategorien. Ohne diese Trennung, so hat es der
Vergleichsversuch mit dem Rilke-Text gezeigt, bleiben Sie im Allgemeinen und
Ungefähren stecken. Das wird auch bei diesem Weg gelegentlich so sein, aber wir
wollen sehen, wie weit wir durch Genauigkeit die ungewöhnlichen Sprachfügungen entschlüsseln können.

2   Arbeitsschritte

4   Stellen Sie fest, welche Sätze in welcher Weise von einer gebräuchlichen
Satzstellung und Satzform abweichen.

In den ersten beiden Strophen (oder besser: Versgruppen) ist nur der Satz in Vers 7
grammatisch vollständig. Alle anderen Sätze von Vers 1 bis Vers 9 sind unvollstän-
dig. Es sind → elliptische Sätze, die dem → emphatisch klagenden Ausruf in Vers 1
aneinander gereiht folgen. Eine eindeutige verbale Aussage fehlt. Vers 10 leitet zwar
einen grammatisch vollständigen Satz ein; er ist jedoch → adversativ gestellt.

5   Welche ungewöhnlichen sprachlichen Fügungen, Kombinationen oder
Wendungen prägen das Gedicht? Markieren Sie, was Ihnen sprachlich
ungewöhnlich erscheint, um später zu sortieren. Entscheiden Sie sich –
bevor Sie den folgenden Vorschlag ansehen –, was sprachlich wirklich
befremdet und was metaphorisch nicht sofort auflösbar scheint.

1 O, der Wahnsinn der großen Stadt, da am Abend

An schwarzer Mauer verkrüppelte Bäume starren,

Aus silberner Maske der Geist des Bösen schaut;

Licht mit magnetischer Geißel die steinerne Nacht verdrängt.

O, das versunkene Läuten der Abendglocken.

6 Hure, die in eisigen Schauern ein totes Kindlein gebärt.

Rasend peitscht Gottes Zorn die Stirne des Besessenen,

Purpurne Seuche, Hunger, der grüne Augen zerbricht.

O, das gräßliche Lachen des Golds.

10 Aber stille blutet in dunkler Höhle stummere Menschheit,

Fügt aus harten Metallen das erlösende Haupt.

Während *Bäume starren* nur eine → Personifikation oder *Lachen des Golds* lediglich eine → Metapher darstellt, können die markierten Wendungen nicht durch gebräuchliche Stilfiguren erhellt werden, sondern müssen durch Vorstellungskraft und Umwandlung zu möglichen Aussagen erklärt werden.

magnetische(r) Geißel:	Die Geißel (= Peitsche) wirkt wie ein Magnet, der das Dunkel anzieht und somit verdrängt. Die Kraft des Lichts wird zu einer Plage, die natürliche Nacht zum Tag gemacht.
steinerne Nacht:	Die Häuser und Bauten der Stadt, die stumm im Dunkeln stehen, werden erhellt und aus ihrer Ruhe gerissen.
versunkene(s) Läuten:	Das Läuten der friedlichen Glocken, das das Ende des Tages kennzeichnet, ist im Großstadtlärm, der auch in der Nacht herrscht, längst verklungen.
Purpurne Seuche:	Eine epidemische Krankheit, die zu roten Hautveränderungen führt, wird mit der Farbe Purpur charakterisiert.

Solche künstliche Umstellungen (→ Enallage) intensivieren die Vorgänge, die ihnen zugrunde liegen.

6 Welche Farben / Farbwerte herrschen vor und in welchem Zusammenhang werden sie eingesetzt? Schreiben Sie eine tabellarische Zusammenstellung – getrennt nach Farbe und Wirkung.

So wird Ihre Übersicht aussehen:

Farbe / Farbwerte	Wirkung / Zusammenhang
schwarz	bedrohlich durch starrende Bäume
silbern	beängstigend, dämonisierend durch den Begriff der „Maske", die Böses verbirgt; vermutlich nur eine Farbwirkung der nächtlichen Stadt, wie z. B. ein glänzender Hoteleingang
Licht	verdrängt die Nacht
Purpur	mit Krankheit als bedrohlich verknüpft; die alte Symbolfarbe der Macht
grün	durch „Hunger" und „zerbrechen" in den Bereich des Leidens gestellt
Gold	grauenvolle Wirkung durch die Kombination von „gräßlich" und „Lachen"
blutet	Wiederaufnahme des Farbwerts rot („Purpur"); Hinweis auf das menschliche Leiden
Metalle	Farbwert des Glanzes im Zusammenhang mit Härte; Hinweis auf die Form der Erlösung (Bezug zur „silbernen Maske")

Nun haben Sie ungebräuchliche Sprachfügungen und ungewohnt gebrauchte Farbwerte untersucht. Jetzt lässt sich schon leichter ein Schluss auf die Wirkung der vom verborgenen → lyrischen Ich erlebten Stadt ziehen, wenn man auch Bildlichkeit und Erscheinungen der Stadt betrachtet.

Dabei gehen Sie am besten umgekehrt vor: Suchen Sie nicht einzelne Stilfiguren, → Chiffren oder → Symbole, sondern ermitteln Sie zuerst den bildlichen und sprachlichen Ausdruck der Stadt, um ihn begrifflich fassen zu können. Sie dürfen gern auf die Ergebnisse des ersten, abgebrochenen Annäherungsversuchs an den Text (siehe Seite 97) zurückgreifen.

7 Beginnen wir mit den ersten beiden Strophen / Versgruppen.
Welche Bilder vermitteln welche Eindrücke und Empfindungen?

Bild / Erscheinung	Begriff	Empfindung / Eindruck
An schwarzer Mauer verkrüppelte Bäume starren	Personifikation	dunkle Bedrohung durch zerstörte Natur
Aus silberner Maske der Geist des Bösen schaut	Metapher	Dämonisierung, etwa einer hart glänzenden Eingangsverkleidung
Licht mit magnetischer Geißel die steinerne Nacht verdrängt	Metapher, Enallage	künstliches Licht fällt wie eine Peitsche in die Häuserzeilen
Hure, die in eisigen Schauern ein totes Kindlein gebärt	Chiffre	Prostitution, Kälte und Tod; auch Mitleid
Rasend peitscht Gottes Zorn die Stirne des Besessenen	allegorisches Bild	Auftritt eines vermutlich kranken Menschen, z. B. eines Epileptikers oder eines Geistesgestörten, als apokalyptisches Erlebnis / göttliches Strafgericht
Purpurne Seuche	Enallage	Epidemie, die rote Hautveränderungen hervorruft
Hunger, der grüne Augen zerbricht	Personifikation	zerstörerische Wirkung des Hungers als menschliches Handeln
das gräßliche Lachen des Golds	Metapher, Chiffre	Materialismus und Geldgier als höhnischer Triumph der großstädtischen Lebensweise

Wenn Sie Ihre bisherigen Ergebnisse überblicken, werden Sie mit Recht sagen, dass sich viele Einzelheiten dieser Stadtbetrachtung entschlüsselt haben, während andere Teile und das Gesamtbild des Gedichts aber immer noch rätselhaft sind.

Vielleicht fragen Sie sich auch: Wer spricht so? Wer drückt sich so aus? Wann war so eine Ausdrucksweise modern und üblich? Es wäre ein guter Impuls, nach diesem Zwischenergebnis so zu fragen – nach der Epoche, nach der literarischen Stilrichtung. Dabei ist es ganz gleichgültig, ob das in einer Prüfung verlangt ist. Davon hängt nur die Intensität der Ausführung ab. Die Frage nach der Epoche aber hilft Ihnen in jedem Fall dabei den Text weiter zu enträtseln, weil Ihre Antwort auch Erinnerungen an die Ideen und an das Lebensgefühl der fraglichen Epoche auslöst.

8   In welcher literarischen Strömung finden sich solche Bilder, solche Angstvorstellungen, solche ungewöhnlichen Sprachfügungen?

Der Name des Autors hat schon einen Hinweis geliefert: Das Gedicht gehört zum deutschen Expressionismus. Näheres erfahren Sie in der folgenden Info zu dieser Epoche.

Epochenübersicht Expressionismus

- Blütezeit: Der Begriff *Expressionismus* bezeichnet keinen bestimmten Stil, sondern das Lebensgefühl der jungen Künstler etwa zwischen 1910 und 1920; es war eine Stimmung des Um- und Aufbruchs. Nach 50 Jahren Frieden im Kaiserreich ist vielen Künstlern bürgerliches Leben suspekt geworden. Man lehnt Konventionen ab, das Gewinnstreben, den oberflächlichen Kulturbetrieb, die Bürokratie. Hinter den Menschen will man den Menschen mit seiner Seele, mit seiner Erbärmlichkeit, mit seiner Größe erkennen.

- Historisches Schlüsselerlebnis: Ambivalent ist die Einstellung dieser „jungen Wilden" zu den Erscheinungen der Moderne. Telefon, Autos, elektrisches Licht, Lokomotiven, Motorräder, Fotografie und Film waren erfunden und verfügbar. Geschwindigkeit, Betriebsamkeit, Lärm und Chaos, die damit entstehen, faszinieren die Künstler ebenso wie sie sie abstoßen. Apokalyptische Bilder von Gewalt, Krieg und Vernichtung kommen als Motive expressionistischer Dichtung immer wieder vor.

- Typische Ausdrucksweise / Wortschatz / Stilfiguren:
  - Ausrufe, Anreden: *O dieses Tollkopfs heller Duft! / Tulpenleuchten gelben Haares!* (Hardekopf); *Auf! Herz! Herz! Auf! / Glühe, rase, Herz!* (Lersch)
  - Aneinanderreihung von unverbundenen Substantiven: *Karfreitag Abend, Gelbes Dunkel, Stiemen.* (Loerke)
  - Doppelsubstantive: *Frauenhellbraun taumelt an Männerdunkelbraun.* (Benn)
  - Wegfall der Artikel: *Sternenhimmel. / Gebändigtes Untier / glänzt mein Geschütz, / glotzt mit schwarzem Rohr / zum milchigen Mond. / Käuzchen schreit.* (Toller)
  - Zerstörung der normalen Syntax, Ellipsen, Missachtung der Grammatik: *Zersprengte Jugend! / Uns die Zeit / Zerbiß die Stirn, / es schreit, schreit, / kann nicht ruhn, / lauert bereit / ohne zu tun.* (Gumpert)
    Drastische Wörter und Neubildungen: *O Mühlenglück! O Abhang! Glutgefälle!* (Benn)
  - Dynamisierung von Natur und Dingen durch Vertauschung der Perspektiven: *Zerlumpte Bäume strolchen in die Ferne, / Betrunkne Wiesen drehen sich im Kreis.* (Lichtenstein)
  - Im Infinitiv oder substantiviert gebrauchte Verben: *Schrecken Sträuben / Wehren Ringen / Stürzen / du!* (Stramm)

- Form: Gebräuchliche Gedichtformen werden entweder aufgelöst zu Gunsten von frei-rhythmischen und reimlosen Versgruppen oder exzessive, ausdrucksstarke Bilder in Gegensatz zu einer strengen Gedichtform (z. B. Sonett) gebracht.

- Wichtige Autoren: Benn, Heym, Toller, Lichtenstein, Lasker-Schüler, Klabund, Stramm, Trakl, Stadler, van Hoddis

- Bekannteste Gedichtsammlung: *Menschheitsdämmerung*, herausgegeben von Kurt Pinthus (1920)

9   Welchen formalen Baugesetzen folgt das Gedicht, welche sprengt es?
Notieren Sie möglichst systematisch Ihre Antwort zu Strophik, Versmaß,
Reim und Komposition.

Das könnten Sie notiert haben:

Strophik	von Strophen darf streng genommen nicht gesprochen werden, weil kein Abschnitt gleichmäßig wiederkehrt; besser: 3 Versgruppen zu 5, 4 und 2 Versen
Versmaß	freie Rhythmen, ausgeprägter Sprechrhythmus, meist fünfhebige Verse (daktylisch klingend) ohne festes Metrum, viele harte (betonte) Versschlüsse
Reim	reimlos, assonantische Anklänge an Endreime („gebärt" statt „gebiert")
Komposition	Verkürzung der Versgruppen zum Schluss hin; die Ausrufesätze, mit dem Klagelaut „O" eingeleitet, gliedern die ersten zwei Versgruppen durch regelmäßige Wiederholung (Zeile 1, 5 und 9), heben so die Klagestruktur des Textes hervor; der Zweizeiler am Textende wird dadurch pointiert

---
Fassen wir zusammen

Die ersten beiden Versgruppen, zusammengehalten durch regelmäßig wieder-
kehrende Klageausrufe, beschwören den *Wahnsinn der großen Stadt* (Zeile 1).
In nicht immer ganz zu enträtselnden → Bildern und → Chiffren, in → Metaphern und → Personifikationen offenbaren sich Schreckensvisionen eines Ichs,
das im Text zwar nicht auftaucht, aber hinter allem Glanz und Licht der Stadt
das Böse, die Gier, das Elend lauern oder drohen sieht. Gegensätzliche Farben,
eine ausdrucksstarke Bilderfülle und eine stark rhythmische Sprechweise lassen das Gedicht zu einem Angstschrei des Ichs werden, das nur Dämonie und
Zerstörung wahrnimmt. Die zweite Versgruppe konzentriert sich dabei noch
stärker als die erste auf den Menschen, der der Stadt ausgeliefert ist, den Krankheit und Prostitution, Tod und Materialismus bestimmen. Der Zweizeiler am
Ende des Gedichts ist durch seine → adversative Satzstellung von den beiden
ersten Versgruppen abgesetzt.

10   Wo bieten die Verse 10 und 11 Gegensätze, wo Anklänge zum Text? Neben
dem formalen Gegensatz gibt es auch einen sprachlichen, klanglichen und
bildlichen. Schauen Sie genau hin und notieren Sie dann ihre Beobachtungen.

Das könnten Sie notiert haben:

Gegensätze *Ruhe und Zurückgezogenheit prägen das Bild;*
„stummere" (Zeile 10) steht im Gegensatz zum
Lärm und zum „Lachen" (Zeile 9) der Großstadt.
Das „erlösende Haupt" (Zeile 11) kontrastiert als
religiöses Motiv zur silbernen „Maske (...)
des Bösen" (Zeile 3).
Das Metrum in Vers 10 ist ziemlich gleichmäßig,
der Klang durch die u-Vokale beruhigter als
die Hochtonwörter in den Versen 1 bis 9 auf
den betonten Vokal a, zum Beispiel:
Wahnsinn – Stadt – Abend (Zeile 1), schwarzer
– starren (Zeile 2), Maske (Zeile 3), magneti-
scher – Nacht (Zeile 4).

| Anklänge | Empfindungen aus dem christlich-religiösen Bereich weisen auf die Trauer um einen verlorenen Glückszustand hin. Die Misslichkeiten der Großstadt werden mit Verfehlungen gegen Gott, der deshalb straft, assoziiert. Die Strafe findet in Vers 10 im Leiden der Menschheit ihre Entsprechung. |

11 Jetzt müssen Sie – als Meisterstück – nur noch das Bild der letzten Versgruppe dechiffrieren. Ihre Vorarbeiten zu Anklängen und Gegensätzen in Übung 10 weisen Ihnen den Weg. Denken Sie auch an die Funktion des Titels! Welche Bedeutung ergibt sich für die Schlussverse 10 und 11 aus der Perspektive des Gedichttitels?

Der Titel *An die Verstummten* suggeriert allgemein eine Anrede an die verstummte Menschheit oder speziell an den (stummen, weil zurückgezogenen) Leser. Der ungewöhnliche Komparativ *stummere* (Zeile 10) bezieht sich auf die laute, bedrohliche und lachende Stadt. Ihr soll Erlösung aus dem leidenden und verborgenen Teil der Menschheit erwachsen. Dieses Bild aber ist ambivalent. Stummheit, Dunkelheit und Leid deuten eher auf Verzweiflung hin als auf Erlösung. Andererseits wird der Weg der Erlösung als mühselige, aber kraftvolle Arbeit angedeutet: *Fügt (...) harten Metallen (...)*. Der offenkundige Gegensatz zur *silbernen Maske* (vgl. Zeile 3) aus dem Bereich des Bösen erinnert an Kampf und scharfe Auseinandersetzung.

Versuchen Sie sich nun wieder an einer Ausführung Ihrer Vorarbeiten in einem kompletten Aufsatz. Lösen Sie sich von den einzelnen Arbeitsschritten und gewichten Sie dabei ruhig anders. Vergleichen Sie anschließend Ihre Ideen mit dem folgenden Aufsatzbeispiel.

3   Aufsatzbeispiel

Einleitung: **Grundmotiv des Autors**	Georg Trakl, der Protestant mit den schwierigen Familienverhältnissen im katholischen Salzburg, hat sich immer wieder mit Stimmung und Leben der Großstädte befasst.
Analyse 1.Versgruppe	Sein Gedicht „An die Verstummten" aus dem Vorkriegsjahr 1913 beginnt mit einer eindeutigen Beurteilung der Großstadt. Schon der erste Vers hebt
Interjektion	mit der klagenden Interjektion „O" (Z. 1) an, die sich regelmäßig (Z. 6 und 9) wiederholt. Jedoch findet der Ausrufesatz „O, der Wahnsinn der großen Stadt" (Z. 1) keinen grammatischen Abschluss, er bleibt wie
Ellipse	die folgenden Sätze der ersten Versgruppe elliptisch. Dadurch werden Empfindungen und Eindrücke zwar betont, eindeutige Aussagen aber vermieden.
Rhythmus	Überhaupt prägt emphatisches und durch die vorherrschende Fünfhebigkeit stark rhythmisiertes Sprechen den Ausdruck des Textes.
	Die Klage über das Phänomen Großstadt ist nicht restlos zu entschlüsseln, viele Bezüge innerhalb des Gedichts erlauben aber eine Annäherung an die Wahrnehmungsweise des verborgenen Ichs.
Momentaufnahmen	Die erste Vergruppe zeigt Momentaufnahmen einer abendlichen Großstadt. Kennzeichnend für den „Wahnsinn" (Z. 1) dieser Stadt, dem alle anderen Wahrnehmungen untergeordnet werden, sind bedrohliche Natur und dämonisierte Dinge. „Verkrüp-
Dämonisierung	pelte Bäume starren" (Z. 2), die dekorative Verkleidung – einer Nachtbar vielleicht – wird zu „silberner Maske (…) des Bösen" (Z. 3). Die Bedrohlichkeit der absterbenden Natur wird dabei durch die Dunkelheit der „schwarze(n) Mauer" (Z. 2) verstärkt, die silberne Maske (vgl. Z. 3) assoziiert den harten Glanz, hinter dem sich Böses verbirgt.
Enallage	Die künstliche Umstellung der Enallage wie bei „magnetischer" Geißel (Z. 4) und „steinerne Nacht"
Intensivierung	(Z. 4) intensivieren das nächtliche Großstadterlebnis des Ichs: Die Geißel peitscht ins Dunkel, das sie wie ein Magnet anzieht und damit erhellt. Das Licht wird

Wiederholung	erlebt als Plage und Gewalt, die aus den Straßen und Häuserzeilen das natürliche Dunkel vertreibt. Unmittelbar darauf folgt der wiederholte Klagelaut des ersten Verses, der sich auf den verschwundenen Abendfrieden bezieht. Auch hier intensiviert die Enallage „versunkene(s) Läuten" (Z. 5) die Trauer über den vergangenen Zustand.
Parallelismus	Die Parallelkonstruktion im fünften Vers zum ersten Vers verschärft den Kontrast zum „Wahnsinn der großen Stadt" (Z. 1).
Analyse 2. Versgruppe	Die zweite Versgruppe ist ganz menschlichen Beziehungen und Deformationen in der Großstadt gewidmet.
Ellipsen	Auch hier regieren die ausdrucksstarken Ellipsen, nur Vers 7 bildet einen vollständigen Satz. Prostitution und Tod, Krankheit und Materialismus sind die Charakteristika, die das Bild der Stadt prägen.
Metapher	Die aus dem Alten Testament in der Metapher von der „Hure Babylon" überlieferte Vorstellung von der
Chiffre	vernichtenden Großstadt kehrt in Vers 6 als Chiffre menschlicher Beziehungslosigkeit wieder. Ungeschützt und in eisigen Schauern spendet die Hure weder Liebe noch Leben, sondern Tod. Die Heftigkeit des Bildes erreicht Trakl durch die Wahl der ungebräuchlichen Form „gebärt" (Z. 6) statt „gebiert" sowie durch den Hauch von Mitleid, der sich im Diminutiv „Kindlein" (Z. 6) verbirgt. Vers 7 nimmt das Bild von der Geißel aus Vers 4 auf und wandelt es in den Eindruck eines strafenden Gottes um.
Allegorisches Bild	Dabei ist das allegorische Bild von der „Stirne des Besessenen" (Z. 7), der von Gottes Zorn gepeitscht wird, nicht eindeutig aufzulösen.
Apokalyptische Vision	Nahe liegend wäre die Deutung als Auftritt eines geistesgestörten oder von Epilepsie befallenen Menschen, der als apokalyptische Vision vom Ich erlebt wird. Bemerkenswert ist, dass der zornig strafende Gott inmitten der Dekadenzerscheinungen der Stadt auftritt, ohne mit diesen logisch-kausal verbunden zu sein.
Enallage	Die Epidemie erscheint wieder in der Stilfigur der Enallage, wodurch die die Haut rötende Wirkung der

Krankheit als „purpurn" (vgl. Z. 8) entstellend in den Vordergrund der Wahrnehmung rückt. „Hunger, der grüne Augen zerbricht" (Z. 8) deutet die zerstörerische Wirkung des Großstadtlebens an, das vom „gräßliche(n) Lachen des Golds" (Z. 9) – also von einem höhnisch-triumphierenden Materialismus – beherrscht wird.

Wie in der ersten Versgruppe korrespondiert auch in der zweiten der letzte Vers mit dem ersten durch die Gemeinsamkeit der Käuflichkeit des Lebens, worauf „Hure" (Z. 6) und „Golds" (Z. 9) hinweisen.

Zuordnung zum Expressionismus

Dieses dämonische und apokalyptische Bild der Stadt entspricht ganz der Empfindungs- und Ausdrucksweise des Expressionismus, zu dem Trakls Generation gehört.

Syntaktische Auflösung

Die Auflösung der Syntax, heftige Ausrufe, drastische Bilder und perspektivische Vertauschungen sowie die artikellosen Reihungen von Substantiven drücken ein Lebensgefühl aus, das an der Großstadt ebenso faszinierend wie abstoßend war. Bei Georg Trakl überwiegt ganz deutlich das Grauen.

Chiffren

In „An die Verstummten" sind die Bilder besonders stark verrätselt, die Chiffren besonders vielschichtig, die Form besonders aufgelöst.

Reimlosigkeit / Assonanz

Kein Reim harmonisiert den Ausdruck, assonantische Anklänge wie „verdrängt" (Z. 4) und „gebärt" (Z. 6) steigern die Heftigkeit des Klangs. Kein ausgewogenes Versmaß mildert die expressiven Empfindungen. Oft dem Daktylus ähnlich, aber mit freien Rhythmen, eilen die Verse harten Versschlüssen zu und stocken dann plötzlich: „Licht mit magnetischer Geißel die steinerne Nacht verdrängt" (Z. 4).

Strophik / Pointierung

Regelmäßige Stophenformen fehlen; die Versgruppen werden immer kürzer. Der Zweizeiler am Gedichtende gewinnt daraus seine Pointierung.

Analyse 3.Versgruppe

Aber nicht nur seine Form, sondern auch Inhalt, Bildlichkeit und Klang heben die dritte Versgruppe hervor. Die Verse 10 und 11 bieten Anklänge zu den vorherigen Versgruppen, aber auch Widerparte.

Erlösungsmotiv

Im Motiv der Erlösung knüpft der Schlussvers (Z. 11) an „das versunkene Läuten der Abendglocken" (Z. 5) und „Gottes Zorn" (Z. 7) an.

Sehnsuchtsmotiv

Die Sehnsucht nach einer anderen Welt – als sie die Großstadt dem Ich suggeriert – wird hier wieder thematisiert. Deutlicher aber sind die Gegensätze.

Metrum / Vokalität

Das Metrum ist in Vers 10 recht gleichmäßig, der Klang der u-Vokale erinnert an Vers 5 und tönt beruhigter als die Hochtonwörter auf den betonten Vokal a wie „Wahnsinn" (Z. 1), „Stadt" (Z. 1), „starren" (Z. 2) oder „Maske" (Z. 3). Klarer kann der Gegensatz zu den ekstatischen Versen 1 bis 9 nicht sein.

Intention

Betrachtet man nun den Titel des Gedichts, so erschließt sich die Intention von Autor und Ich trotz bleibender Bilderrätsel.

Suggestion

Der Titel suggeriert eine Anrede an die Verstummten. Aus Vers 10 ergibt sich, dass damit die Menschheit – stummer als die Erscheinungen der Stadt – gemeint ist. Es ist eine leidende (vgl. „blutet", Z. 10), zurückgezogene (vgl. „Höhle", Z. 10) Menschheit, die ebenso unauffällig wie das Ich (vgl. „dunkler", Z. 10) ist. Der ungewöhnliche Komparativ „stummere" steht dem „gräßliche(n) Lachen" (Z. 9) der Stadt entgegen. Gemeint ist vielleicht auch der verstummte Leser, der nicht dem Großstadt-Treiben folgt, sondern mit vergangenen Idealen verborgen ist.

Ambivalenz des Bildes

Dieses Bild aber bleibt ambivalent. Stummheit, Dunkelheit und Leid deuten eher auf Verzweiflung hin als auf Erlösung. Die kleine Hoffnung bleibt auf einen – allerdings den letzten – Vers beschränkt. Der Weg der Erlösung wird als kraftvolle und mühsame Arbeit vorgestellt, als Werk mit „harten Metallen" (Z. 11). Der offenkundige Gegensatz zur „silberne(n) Maske (…) des Bösen" (Z. 3) erinnert an kämpferische Auseinandersetzungen mit der Welt des Wahnsinns und der Apokalypse.

G Gottfried Benn: *Reisen*

Meinen Sie Zürich zum Beispiel   1
sei eine tiefere Stadt,
wo man Wunder und Weihen
immer zum Inhalt hat?

Meinen Sie, aus Habana,   5
weiß und hibiskusrot,
bräche ein ewiges Manna
für Ihre Wüstennot?

Bahnhofstraßen und Rueen,   9
Boulevards, Lidos, Laan –
selbst auf den Fifth Avenueen
fällt Sie die Leere an –

ach, vergeblich das Fahren!   13
Spät erst erfahren Sie sich:
bleiben und stille bewahren
das sich umgrenzende Ich.

(1950)

1 Zugang über Schlüsselwörter und Leitmotive

Gottfried Benn (1886 – 1956) gehört zu den bedeutendsten expressionistischen
und – wie das abgedruckte Gedicht zeigt – modernen deutschen Lyrikern. Seine
Gedichte beweisen einen überaus gebildeten Geist ihres Autors.

In seinem bekannten Aufsatz *Probleme der Lyrik* aus dem Jahre 1951 heißt es:
„Aber die Form ist ja das Gedicht. Die Inhalte eines Gedichts, sagen wir Trauer,
panisches Gefühl, finale Strömungen, die hat ja jeder, das ist der menschliche
Bestand, sein Besitz in mehr oder weniger vielfältigem und sublimem Ausmaß,
aber Lyrik wird daraus nur, wenn es in eine Form gerät, die diesen Inhalt (…)
trägt, aus ihm mit Worten Faszination macht."

Deshalb müssen wir bei Benn besonders auf die Wörter, ihr Arrangement, ihren
Inhalt und ihre Bedeutung achten. Suchen wir den Zugang zum Gedicht *Reisen*
also über die → Leitwörter, die den Text konstituieren.

2   Arbeitsschritte

Um wichtige Wörter zu markieren oder zu unterstreichen, ist das kurze Gedicht zu
sehr von ihnen beherrscht – Sie würden rasch die Übersicht verlieren. Heben wir
uns das Markieren für andere Arbeitsschritte auf.
Wenn Sie den Text aufmerksam lesen, werden Sie feststellen, dass ganz bestimmte
Wörter jeweils gut zueinander passen und verschiedene Bedeutungsgruppen bilden. Diese Besonderheit sollten Sie möglichst umfassend untersuchen.

1   Notieren Sie tabellarisch die Wörter, die eine gemeinsame / ähnliche
Bedeutung oder wenigstens einen Berührungspunkt miteinander haben.
Bilden Sie sechs Gruppen, die Sie mit A bis F benennen.

Nach Ihrer Arbeit könnte Ihr Gruppierungsversuch so aussehen:

A	Zürich, Stadt, Habana
B	Bahnhofstraßen, Rueen, Boulevards, Lidos, Laan, Avenueen
C	bleiben, bewahren, umgrenzende
D	Reisen (= Überschrift), Fahren
E	tiefere, Wunder, Weihen, Inhalt, ewiges, Manna, Wüstennot
F	Sie, sich, Ich

Vielleicht haben Sie etwas anders gruppiert, aber allzu große Abweichungen
dürfte es nicht geben. Falls doch, dann arbeiten Sie zunächst mit Ihrer Einteilung
weiter und vergleichen Sie später Ihre Ergebnisse mit den Arbeitsschritten auf
den folgenden Seiten.

2   Welche Wortart bildet den größten Anteil an den notierten Wörtern?

Die Antwort – Substantive – unterfordert Sie vielleicht, aber manchmal sind kurze und einfache Schritte unerlässlich, um bei der Interpretation nicht auf spekulative Abwege zu geraten.

3   Auf welchen kleinsten gemeinsamen Bedeutungsbereich lassen sich die verschiedenen Substantivgruppen in *A*, *B*, *D* und *E* inhaltlich reduzieren?

A   = Stadt
B   = großstädtische Prachtstraßen in verschiedenen Sprachen
D   = Fortbewegung
E   = Wunderbares (Religiöses, Biblisches) oder Nicht-Alltägliches

Drei der Gruppen ließen sich auch nach Motiven zusammenfassen: Den Städten, dem Reisen und den Straßen liegt das Motiv der Ferne – auch das Motiv der Flucht – zu Grunde.
Die verstärkenden Adjektive dürfen Sie zunächst ruhig übergehen; wir wollen ja Tendenzen entdecken. Vielleicht haben Sie ohnehin gleich *ewiges Manna* und *tiefere Stadt* als einen Begriff festgehalten.

4   Wie lassen sich die zwei übrigen Gruppen *C* und *F* auf einen gemeinsamen Nenner bringen?

C   Die Pronomina lassen sich höchstens noch auf den Begriff des Menschen eingrenzen oder verallgemeinern.
F   Die Gruppe der Verben hat das Statische, das Bewegungslose gemeinsam.

┌─ Fassen wir zusammen ─────────

Was Sie bislang entdeckt haben, ist nichts anderes als die Dechiffrierung, also die Feststellung assoziativer Bedeutungen und → Chiffren, die auf den ersten Blick nicht als solche ins Auge springen. *Statik* steht gegen *Bewegung*, *Fernes* gegen *Begrenztes*.
Da Ihnen nun die Bedeutung des Vokabulars ungefähr klar ist, müssen Sie sich mit den Aussagen beschäftigen, die durch dieses Vokabular gesteuert werden. Dabei genügt es zunächst Hypothesen zu bilden; die Finessen des Textes entdecken Sie durch die späteren Arbeitsschritte.

5   Formulieren Sie in eigenen Worten, welche Auffassung das Ich über das
Reisen hat und schreiben Sie Ihre Ideen auf die Zeilen. Das können Sie
nach den bisherigen Vorarbeiten sicher ohne Lösungsvorschlag.
Ein Tipp: Bleiben Sie eng am Text und achten Sie auf den Gegensatz von
Fahren und *erfahren*. Sollten Sie falsch liegen, so werden Sie das bei den
folgenden Arbeitsschritten merken und gezwungen sein, das Gedicht noch
einmal gründlich unter die Lupe zu nehmen.

_____

_____

_____

_____

_____

_____

_____

_____

_____

_____

_____

Nicht nur Vokabeln, → Metaphern, → Chiffren usw. können leitwortartig eingesetzt
sein; auch die Interpunktion kann bestimmte Bedeutungen übernehmen und
dem Text eine bestimmte Tendenz geben. Darauf sollten Sie beim nächsten Schritt
achten.

6   Überprüfen Sie, welche Satzzeichen im Gedicht vorkommen und an
welcher Stelle sie stehen.

Sie sehen selbst: Nur ein einziger Satzendepunkt ist im Gedicht zu finden.
Ansonsten herrschen Fragezeichen, Ausrufezeiche und vor allem Kommas sowie
Gedankenstriche vor.

Wenn Sie nun den Text laut und rhythmisch betont lesen, wird Ihnen die Funktion
der Satzzeichen auffallen. Achten Sie darauf, wie die Sätze nach den Satzzeichen
– trotz dieser Zeichen – klingen.

7   Welchen Einfluss haben die verschiedenen Satzzeichen auf den Tonfall
und damit auf die Gesamtwirkung des Inhalts?

Die Fragezeichen sind so gesetzt, dass sich die Stimme heben muss. Folgefragen
oder Antworten werden vom Ton erzwungen, obwohl es sich um rhetorische Fragen handelt. Die Satzzeichen – so merken Sie beim bewussten Lesen – trennen
nicht. Komma, Doppelpunkt und Gedankenstrich verbinden die Sätze. Der Tonfall
schwingt immer weiter.

8   Überprüfen Sie das Ergebnis von Übung 7 anhand von Vers 13 und 14.
Lesen Sie die zwei Zeilen laut und rhythmisch vor.

13   ach, vergeblich das Fahren!
         Spät erst erfahren Sie sich:

Sie hören es: Selbst das Ausrufezeichen ist so gesetzt, dass der Tonfall weiter-
schwingt und keine harte Zäsur beim Sprechen entsteht. Das liegt natürlich nicht
allein an den Satzzeichen. Metrum und Reimform tragen zu dieser Wirkung bei.

9   Bestimmen Sie das vorherrschende Versmaß und seine Wirkung.

Der → Daktylus ist ein → Versmaß, das schwingt und vorantreibt. Benn setzt dieses
→ Metrum wie ein → Motiv ein – die kritisch befragte Reiselust in fremde Fernen
und exotische Länder gewinnt daraus ihren Zustand des Dahinströmens und
Sich-Ausdehnens.

10   Unterstreichen / markieren Sie die unterschiedlichen Reimarten, die das Gedicht außer den Endreimen enthält und notieren Sie ihre Bezeichnungen am Rand der Strophen.

So werden Ihre Notizen etwa aussehen:

1   Meinen Sie Zürich zum Beispiel
     sei eine tiefere Stadt,   *Alliterationen*
     wo man Wunder und Weihen   *Assonanzen*
     immer zum Inhalt hat?

5   Meinen Sie, aus Habana,
     weiß und hibiskusrot,   *Alliterationen*
     bräche ein ewiges Manna   *Kreuzreim*
     für Ihre Wüstennot?

9   Bahnhofstraßen und Rueen,
     Boulevards, Lidos, Laan –   *Alliterationen*
     sclbst auf den Fifth Avenueen
     fällt Sie die Leere an –

13   ach, vergeblich das Fahren!
      Spät erst erfahren Sie sich: *Alliteration*
      bleiben und stille bewahren
      das sich umgrenzende Ich.   *Assonanzen*

Neben dem fließenden → Kreuzreim, der nur einmal in der ersten Strophe durch eine → Assonanz ersetzt ist, fallen insbesondere die vielen → Alliterationen auf. Sie sind – wie Binnenassonanzen *Weihen / weiß* – auf mehrere Strophen verteilt. Dadurch entsteht nicht nur das geschlossene, auf wenigen Vokalen beruhende Klangbild, sondern auch das Ineinanderfließen und Verschweben der → Chiffren für Reisen und Wunder.

Fassen wir zusammen

Die Formalia des Gedichts sind motivisch eingesetzt. Dadurch erreichen die Interpunktion und die Vielzahl von Alliterationen sowie Assonanzen ihre vorantreibende Wirkung. Die Vielfalt der Chiffren des Reisens und des Wunderbaren / Religiösen wird durch Alliteration hervorgehoben. Die Interpunktion trennt die Sätze nicht, sondern stellt ihre Verbindung her.

Ausgehend von den → Leitwörtern, die sich als „dechiffrierbare Chiffren" entpuppt haben, haben wir die klassischen Formalia im Gedicht auf ihre Wirkung hin geprüft. Auch den Inhalt haben Sie schon kurz für sich formuliert. Jetzt gilt es noch den Bezug des Inhalts zur binnenstrophischen Komposition und zur → Strophenmetrik zu untersuchen, um die eigentliche Intention der zunächst einfach scheinenden Aussagen formulieren zu können.

Wie verhalten sich die einzelnen Strophen zu den Aussagen des Gedichts? Dazu gliedern Sie am besten das Gedicht nach Gesichtspunkten, die sich zum Beispiel aus der Satzstruktur oder der Haltung des Sprechers ergeben. Die Einteilung in zwei gleiche Hälften ergibt sich dann von selbst.
Wenn Sie sich die erste Texthälfte genauer ansehen, können Sie jetzt präziser fragen.

11 Was ist den ersten zwei Strophen (Zeile 1 – 8) hinsichtlich Komposition und Sprecherhaltung gemeinsam? Notieren Sie alle Eigentümlichkeiten der Strophen, die zu einer Antwort auf die Frage führen.

So könnten Ihre Notizen aussehen:

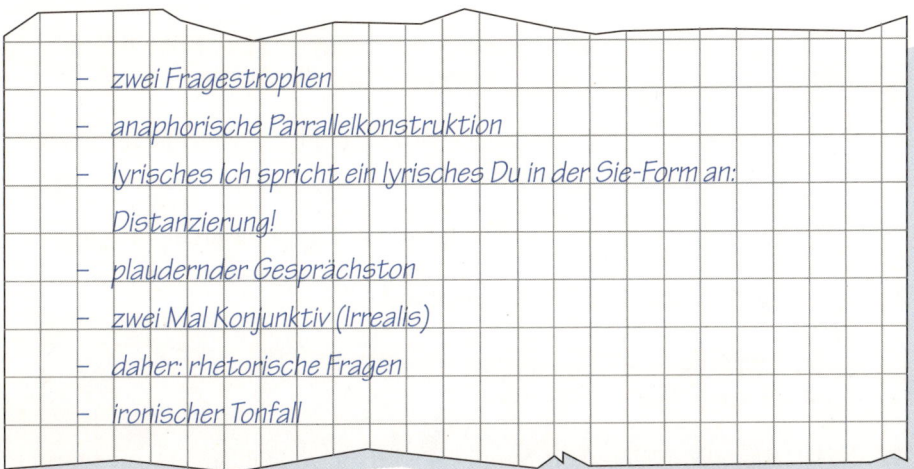

- zwei Fragestrophen
- anaphorische Parrallelkonstruktion
- lyrisches Ich spricht ein lyrisches Du in der Sie-Form an: Distanzierung!
- plaudernder Gesprächston
- zwei Mal Konjunktiv (Irrealis)
- daher: rhetorische Fragen
- ironischer Tonfall

12   Was ist den letzten zwei Strophen (Zeile 9 – 16) hinsichtlich Komposition und Sprecherhaltung gemeinsam? Notieren Sie alle Eigentümlichkeiten der Strophen, die zu einer Antwort auf die Frage führen.

So könnten Ihre Notizen aussehen:

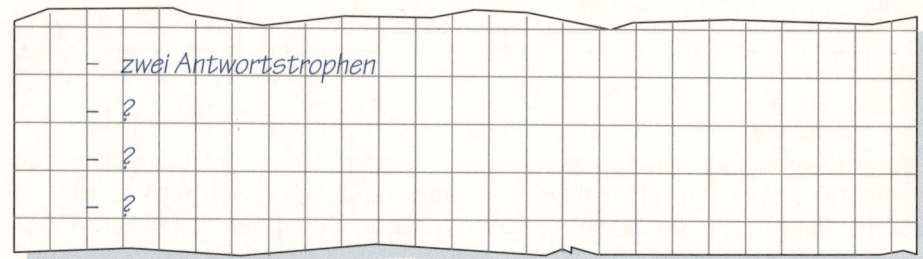

– zwei Antwortstrophen
– ?
– ?
– ?

Sie sehen, ganz schematisch geht es nicht! Hier passt manches einfach nicht. Fragen wir doch genauer.

13   Wie entwickeln sich Komposition und Sprecherhaltung in den Antwortstrophen?

* Strophe 3 antwortet speziell (auf Strophe 1 und 2).

* Strophe 4 antwortet allgemein gültig.

* Strophe 3 bricht nach der Aufzählung der Straßen in anderen Ländern (Fluchtmotiv) mitten in der Strophe ab; der Gedankenstrich deutet die Überflüssigkeit weiterer Aufzählungen an.

* Strophe 3 antwortet auf das Beispiel der von Deutschland entferntesten und verkehrsreichsten Straße mit dem Schlüsselbegriff der Leere.

* Strophe 3 endet mit einem Gedankenstrich, der keine Hinzufügung mehr verlangt und ohne Punkt zur letzten Strophe überleitet.

* Die Interjektion *ach* am Anfang von Strophe 4 dynamisiert den Rhythmus.

* Strophe 4 thematisiert die Selbsterfahrung.

* Ausrufezeichen und Doppelpunkt weisen auf das Grundsätzliche von Fahren und Erfahrung hin.

* Nach dem Doppelpunkt in Strophe 4 wird die endgültige Antwort gegeben, ohne Anrede des *Sie*: *Ich* ist das letzte Wort des Gedichts.

Nun haben Sie alle wesentlichen Punkte erarbeitet um eine komplette Analyse schreiben zu können. Gehen Sie in Ihrem Aufsatz noch genauer, als wir es in den Arbeitsschritten gemacht haben, auf die Chiffren und Motive des Gedichts ein und argumentieren Sie mit Ihren Beobachtungen. Vergleichen Sie Ihre Lösung anschließend mit dem Aufsatzbeispiel auf den Seiten 122 – 125.

Lesen Sie, bevor Sie anfangen, die folgenden Infos zur Gegenwartslyrik.

Lyrik der Gegenwart

Die Lyrik der Zeit von 1945 bis heute ist sehr vielfältig und komplex, zumal die Bundesrepublik und die DDR (bis 1989) jeweils eigene Strömungen hervorgebracht haben. Einige Textbeispiele, die sich an die politische Geschichte anlehnen und damit der textimmanenten Interpretation zur Ergänzung dienen, können vielleicht Hilfe zur Einordnung von Autoren geben.

- DDR: In diesem Gesellschaftssystem, das die Menschen streng auf eine eindeutige politische Gesinnung zu verpflichten suchte, bot Lyrik die Chance eine subjektive Welt zu formulieren. Sie war Ausdruck von Sehnsüchten und Hoffnungen, Enttäuschungen und Kritik. Im Vergleich zum Roman ermöglichte die relative Kürze eines Gedichts, Vieldeutiges und doktrinär nicht leicht Fassbares auszudrücken. Das konnte im Bereich gesellschaftlicher oder politischer Lyrik geschehen, die nicht sofort als solche erkannt wurde. Hier ein Beispiel von Volker Braun aus dem Jahr 1966:

  > Jazz
  > Das ist das Geheimnis des Jazz:
  > Der Baß bricht dem erstarrten Orchester aus.
  > Das Schlagzeug zertrommelt die geistlosen Lieder.
  > Das Klavier seziert den Kadaver Gehorsam.
  > Das Saxofon zersprengt die Fessel Partitur:
  > Bebt, Gelenke: wir spielen ein neues Thema aus (…)
  > Jeder spielt sein Bestes aus zum gemeinsamen Thema.
  > Das ist die Musik der Zukunft: jeder ist ein Schöpfer

Auch die Natur als politisch schwer zu besetzender Bereich wird so
zum Thema vieler Lyriker. Idyllen, Fernweh oder Träumereien sind
häufige Motive. So etwa in einem Gedicht von Sarah Kirsch aus dem
Jahr 1969:

Schöner See Wasseraug
Schöner See Wasseraug ich lieg dir am Rand
spähe durch Gras und Wimpern, du
läßt mir Fische springen ihr Bauchsilber
sprüht in der schrägen Sonne die Krähe
mit sehr gewölbten Schwungfedern
geht über dich hin, deine Ufer
wähltest du inmitten heimischer Bäume (…)
wenn der Rücken mir schmerzt wenn
die Sonne ganz aufgekommen ist
liegt der See in anderer Landschaft
er weiß alle jetzt hat er das Ufer der Marne (…)

• Bundesrepublik: Die Lyrik der Bundesrepublik, Österreichs und der
Schweiz zeigt viele sprachspielerische Elemente. Darüber hinaus ist
die westdeutsche Lyrik gut nach den Phasen der Adenauerzeit, der
Studentenrevolte um 1968 und nach der geringer politisierten Zeit ab
1970 zu unterscheiden.
Prägend für die Adenauerzeit sind Autoren wie Ingeborg Bachmann,
Elisabeth Langgässer, Marieluise Kaschnitz, Paul Celan u. a., die der
Politik kritisch gegenüberstehen, in ihrer Lyrik aber Sprachmagie und
Hermetik pflegen.
Um 1968 treten Autoren wie Fried, Delius, Jandl und Enzensberger
mit Montagen, lakonischen und deformierten Texten sowie mit Poin-
tierungen in den Vordergrund. Zwei Beispiele:

Erich Fried:

Anpassung
Gestern fing ich an
sprechen zu lernen
Heute lern ich schweigen
Morgen höre ich
zu lernen auf

Ernst Jandl:

falamaleikum
falamaleitum
falnamaleutum
falnamalsooovielleutum
wennabereinmalderkrieglanggenugausist
sindallewiederda.
oderfehlteiner?

Nach 1970 ist nicht zu überschauen, was bleibt. Politische Lyrik steht
neben Naturlyrik, Liebeslyrik neben ironischen, experimentellen oder
utopischen Gedichten. Bekannte Autoren sind Born, Brinkmann,
Kirsch, Kunze, Kunert, Jandl, Enzensberger, Fritz und Rühmkorf. Hier
ein Beispiel für komplexe, desillusionierende und zugleich utopische
Lyrik von Günter Kunert:

Unterwegs nach Utopia II

Auf der Flucht   Auf der Flucht findest du
vor dem Beton   vielleicht
geht es zu   einen grünen Fleck
wie im Märchen: Wo du   am Ende
auch ankommst   und stürzest selig
er erwartet dich   in die Halme
grau und gründlich   aus gefärbtem Glas.

3   Aufsatzbeispiel

Einleitung: Textbezug	Gottfried Benns Gedicht „Reisen" beginnt mit zwei Fragen nach dem Sinn des Reisens.
Fragen	Die Fragen des lyrischen Ichs erstrecken sich über alle vier Verse der zwei Eingangsstrophen und machen somit das halbe Gedicht zur Frage.
Anaphern / Konversationston	Die Fragen sind an ein „Sie" (Z. 1 und öfter) gerichtet und suggerieren damit – neben der anaphorisch wiederholten Konstruktion „Meinen Sie" (Z. 1 und 5) – einen plaudernden Konversationston.
Lyrisches Du als Sie	Zwar wird ein lyrisches Du im Gedicht angesprochen, aber in der Form des distanzierenden „Sie" eben, das keinen Zweifel an der selbstsicheren Entschiedenheit des Sprechers lässt.
Rhetorische Fragen / Irrealis	Dass es sich ohnehin nur um rhetorische Fragen handelt, ergibt sich aus dem wiederholt gebrauchten Irrealis. Die Formulierungen „Meinen Sie Zürich zum Beispiel / sei eine tiefere Stadt" (Z. 1 f.) und „Meinen Sie, aus Habana (…) bräche ein ewiges Manna" (Z. 5 – 8) nehmen die Antworten unmissverständlich vorweg.
Ironischer Ton	Die Fragestrophen unterliegen daher von vornherein dem Tonfall der Ironie.
	Was aber wird so heftig bezweifelt? Bezweifelt werden vom ersten Vers an – vordergründig zunächst – Erfahrungswert und Motivation des Reisens. Listet man die Reiseziele auf, so ergibt sich eine beeindruckende Zahl von Substantiven, die sich alle einem Bedeutungsbereich zuordnen lassen.
Chiffren	„Zürich" (Z. 1), „Stadt" (Z. 2), „Habana" (Z. 5), „Bahnhofstraßen und Rueen" (Z. 9), „Boulevards, Lidos, Laan" (Z. 10) sowie „Fifth Avenueen" (Z. 11) sind nur Chiffren für mehr oder weniger mondäne und belebte Reiseziele, für Ferne und Weltläufigkeit, nach denen der Reisende trachtet.
Assoziationen	Wie alle Chiffren haben sie zahlreiche Nebenbedeutungen und changieren motivisch. Sie assoziieren ein Leben, das polyglott, international und an fremden Entdeckungen interessiert ist. Sie spielen mit einstmals exotischen Zielen wie Havanna, auf Spanisch

„La Habana". Dabei handelt es sich um die kubanische Hauptstadt aus der Zeit vor Fidel Castro, als Kuba noch ein Reiseziel war, das eine besonders mondäne Lebensfreude versprach. Auch New York mit seinen Avenues war 1950 kein allgemeines Reiseziel, nicht einmal Zürich, das hier für die Exklusivität der Schweiz steht.

Religiöse Chiffren

Die Bedeutung des Reisens zu all diesen Zielen wird bezweifelt, indem ihnen das Ich jeden metaphysischen Wert abspricht. Die Chiffren, derer sich der Autor dazu bedient, stammen aus dem religiösen Bereich. Dem angesprochenen „Sie" wird unterstellt, in seinem Leben und auf seinen Reisen wenigstens unbewusst auf der Suche nach erhabenen Erfahrungen zu sein, wenn nicht gar nach Erlösung. Das Erlebnis von Tiefe (vgl. „tiefere", Z. 2), von „Wunder(n) und Weihen" (Z. 3) als dauernder „Inhalt" (Z. 4) – als Wesen also der Stadt „Zürich zum Beispiel" (Z. 1) –, leugnet das Ich.

Exotik / Märchenfarben

Auch der Begegnung mit dem reichlich exotischen „Habana" (Z. 5), hervorgehoben durch die nachgestellten Märchenfarben „weiß und hibiskusrot" (Z. 6) wird der gleiche unerfüllbare Wunsch suggeriert.

Suggestion
Metaphorik

Bei diesem Beispiel lässt Benn sein sprechendes Ich auf noch stärker religiös geprägte Bilder zurückgreifen. Das Manna, das im Alten Testament die Juden auf ihrem Zug ins Gelobte Land in der Wüste vor dem Verhungern rettete, wird bei Benn zur Metapher für die endgültige Rettung aus menschlicher Einsamkeit (vgl. Z. 7f.), eine Rettung, die auch das Habana-Erlebnis nicht bietet.

In der dritten Strophe werden keine rhetorischen Fragen mehr gestellt, die die negativen Antworten schon enthalten.

Alliterationen

Die dritte Strophe begnügt sich mit einer durch Alliterationen eindringlich klingenden Aufzählung fremdländischer Bezeichnungen für mondäne und belebte Großstadtstraßen. „Bahnhofstraßen" (Z. 9) und „Boulevards, Lidos, Laan" (Z. 10) sind

Chiffren / Metonymie

chiffrierte Impressionen für Reisen, das Ferne und Fremde – metonymisch gebraucht sowie durch das

Metrum / Tempo **Motive: Flucht** **und Sehnsucht**	daktylische Metrum und die Kommas zu einer fort- strebenden Abfolge gemacht, in der Flucht- und Sehnsuchtsmotive zugleich enthalten sind. „Reisen" – so auch der Titel des Gedichts – wird damit selbst zur Chiffre für eine unangebrachte Distanz zu sich selbst. Denn weder Sehnsucht noch Flucht verheißt Erlösung. Die Aufzählung bricht mit einem Gedankenstrich ab (vgl. Z. 10), der ihre belie- bige Fortsetzbarkeit andeutet und rasch zur grund- legenden Antwort weiterleitet.
Alliteration	Auf „Lidos" und „Laan" (Z. 10) antwortet alliterie- rend „Leere" (Z. 12). Bezeichnenderweise ist die Leere auf der größten, entferntesten Pracht- und Geschäftsstraße, auf der „Fifth Avenue" (vgl. Z. 11), am heftigsten. Dort wird das angesprochene „Sie" von der Leere „angefallen" (vgl. Z. 12).
Daktylus	Alle drei Strophen eilen dem frustrierenden Ziel der Leere entgegen. Nicht nur der Daktylus treibt die Sätze voran; kein einziger Punkt hemmt den Lauf der assoziativen Gedankenkette.
Leitmotivische **Interpunktion**	Die Fragezeichen und Gedankenstriche verbinden wie Leitmotive den Text, dessen Konturen durch Assonanzen und Binnenassonanzen („Weihen" – „weiß", Z. 3 und 6; „Habana" – „Bahnhof(…)" – „Laan", Z. 5, 9 und 11) sowie Alliterationen („Mei- nen" – „Manna", Z. 5 und 7; „immer" – „Inhalt", Z. 4; „Sie" – „sei", Z. 1 und 2) immer wieder zu einem einzigen, eilenden „Reisebild" verfließen.
Interjektion / Rhythmus	In der letzten Strophe dynamisiert die Interjektion „ach" (Z. 13) noch einmal den Rhythmus, denn hier wird Neues thematisiert.
Zeichensetzung	Hatte die dritte Strophe noch auf die Erlebnis-Chiff- ren der zwei Fragestrophen mit dem Begriff der „Leere" (Z. 12) ganz speziell geantwortet, so weisen in der letzten Strophe Ausrufezeichen und Doppel- punkt auf den ganz grundsätzlichen Gegensatz von Fahren und Erfahrung hin.
Binnenreim / Alliteration	Der Binnenreim von „Fahren" (Z. 13) und „erfahren" (Z. 14) deutet ebenso wie die Alliteration, die den f-Laut in „vergeblich" (Z. 13) mit „Fahren" (Z. 13) verknüpft, auf die Besonderheit des Schlusssatzes hin.

Schluss: Textbezug

Keine Chiffre muss mehr bemüht werden. Wie man auch immer die Zeilen 15 und 16 grammatisch liest: „Ich" (Z. 16) ist das letzte Wort der Antwortstrophen auf die Fragestrophen. Die Selbsterfahrung, die im Bleiben, Bewahren, Umgrenzen liegt, ist ausschließlich auf dieses Ich bezogen. Als späte Erkenntnis siegt resignierend (siehe „ach", Z. 13) das statische Dasein über die in vielen Chiffren formulierte Entgrenzung und Dynamik des Menschen.

H Rolf Dieter Brinkmann: *Einen jener klassischen*

1   schwarzen Tangos in Köln, Ende des

       Monats August, da der Sommer schon

3   ganz verstaubt ist, kurz nach Laden

       Schluß aus der offenen Tür einer

5   dunklen Wirtschaft, die einem

       Griechen gehört, hören, ist beinahe

7   ein Wunder: für einen Moment eine

       Überraschung, für einen Moment

9   Aufatmen, für einen Moment

       eine Pause in dieser Straße,

11   die niemand liebt und atemlos

       macht, beim Hindurchgehen. Ich

13   schrieb das schnell auf, bevor

       der Moment in der verfluchten

15   dunstigen Abgestorbenheit Kölns

       wieder erlosch.

(1975)

1   Zugang über kontrollierte Intuition

Moderne Gedichte wie dieses aus dem Jahr 1975 stellen uns oft vor Rätsel. Sie sprechen unsere Sprache und scheinen auf den ersten Blick doch unverständlich. Sie treffen mit einem Satz, einem Bruchstück oder einem Bild unser Bewusstsein, bleiben im Weiteren aber verschlossen. Natürlich hilft es, etwas über die Ausdrucksformen der Moderne zu wissen – aber nicht immer. Es ist durchaus auch eine Methode, auf die eigene Intuition zu vertrauen; diese aber muss schlüssig und kontrolliert sein, wenn sie mehr als Spekulationen hervorbringen soll.

Versuchen wir es. Folgen Sie Ihrer Intuition! Was rührt Sie an? Wobei empfinden Sie eine Stimmung? Welche? Ist es vielleicht so: Die Besonderheit der schwermütigen Musik ertönt in den ersten Zeilen und man liest weiter?
Was in Rolf Dieter Brinkmanns Gedicht wohl jeden anspricht, ist der musikalische Moment, der gleich am Anfang zum Ausdruck kommt und sich über viele Verszeilen durch → Enjambements fortsetzt. Was ist das Besondere daran?

2   Arbeitsschritte

Nähern wir uns der scheinbar so spontanen Form dieses Ausdrucks. „Gedichte sind geprägte Form", schrieb der Germanist Peter Wapnewski. Eine Schlosserrechnung wird nicht zum Gedicht, wenn sie in Vierzeilern oder als Sonett gesetzt ist. Die Form, die Niederschrift eines Erlebnisses, Gedankens oder einer Wahrnehmung ist wichtig für deren Vermittlung.

1   Zerlegen Sie das Gedicht in seine (sinnvollen) Sätze.

- Der erste Satz endet in Vers 7 am Doppelpunkt nach dem Wort *Wunder*.

- Der zweite Satz, eine → Ellipse, hört in Vers 10 mit dem Satzendepunkt nach *Hindurchgehen* auf.

- Der letzte Satz führt bis zum Textschluss.

2   Welche Inhalte tragen die drei Sätze jeweils? Notieren Sie nur die Hauptaussagen – treffen Sie noch keine Wertungen und Einschränkungen.

So könnten Ihre Notizen aussehen:

> Satz 1   *Einen klassischen schwarzen Tango Ende August in Köln zu hören, ist beinahe wunderbar.*
>
> Satz 2   *Diese Musik bringt für einen Moment eine überraschende Befreiung („Aufatmen", Z. 9) beim Vorübergehen.*
>
> Satz 3   *Das Ich schreibt dieses Erlebnis schnell auf, ehe es vorbei ist.*

Wie geht es nun weiter? Schauen Sie genau hin, wie der Inhalt dieser Sätze präsentiert wird. Wann genau findet das Erlebnis dieses musikalischen Moments statt?

3   Welche Präzisierungen, Einschränkungen oder Erklärungen findet das Erlebnis aus dem Anfang des Gedichts? Markieren Sie die örtlichen und unterstreichen Sie die zeitlichen Angaben im ersten Satz.

So ähnlich wird der erste Satz jetzt von Ihnen bearbeitet sein:

1   schwarzen Tangos in Köln, Ende des

     Monats August, da der Sommer schon

3   ganz verstaubt ist, kurz nach Laden

     Schluß aus der offenen Tür einer

5   dunklen Wirtschaft, die einem

     Griechen gehört, hören, ist beinahe

7   ein Wunder: (…)

Was haben Sie mit solchen Markierungen erreicht? Haben die örtlichen und zeitlichen Hinweise eine Bedeutung für das Erlebnis des vorübergehenden Ichs? Fragen Sie sich genauer.

4 Welche Wertungen werden durch die Orts- und Zeitangaben getroffen?

Eine kleine Liste hilft weiter:

Präzisierungen	Wertungen
Ende des Monats August	verstaubt als Hinweis auf einen
der Sommer schon ganz verstaubt	leblosen, überholten Zustand,
kurz nach Ladenschluss	mitten im Großstadtalltag
aus der offenen Tür einer dunklen	aus einer nicht sehr stark ausge-
Wirtschaft	leuchteten Gaststätte eines Griechen
die einem Griechen gehört	ertönt ein klassischer schwarzer Tango

---

── Fassen wir zusammen ──

Die Angaben von Ort, Zeit und Umständen, denen eine öde Alltäglichkeit gemeinsam ist, machen das musikalische Augenblickserlebnis so bemerkenswert für das Ich (das es ja später aufschreibt). Am unerwarteten Ort, wo sonst eher Sirtaki-Musik zu hören ist, erklingt die Musik des amerikanischen Tangos. Nichts passt hier zusammen. Die Situation ist fast absurd.

Aber wir müssen noch genauer auf den musikalischen Moment achten, der den Alltag durchbricht. Wo beginnt er? Wie wirkt er? Wo endet er?

5 Wodurch wirkt der musikalische Moment so eindringlich? Betrachten Sie den Text von der Überschrift bis zum Ende des ersten Satzes ganz genau.

Sie sehen es: Der Titel des Gedichts geht ohne Unterbrechung in die erste Verszeile über, bevor erklärende Daten und Angaben zum Musikerlebnis gemacht werden. Der Eindruck ist so stark, dass das erlebende Ich erst nach einer Reihe von bruchstückhaften Einschränkungen die Wirkung formuliert, auch sie eingeschränkt durch das Wort „beinahe": *beinahe ein Wunder* (Z. 6f.). Der Rhythmus setzt schwer in der Titelzeile ein; der schwarze Tango klingt dann durch die dunkle → Vokalität und den Wechsel von betonten und unbetonten Silben pathetisch und getragen.
Da der erste Satz mit einem Doppelpunkt endet, wird eine nähere Ausführung dazu erwartet.

6   Schauen Sie sich nun den zweiten Satz an. Den Inhalt haben Sie schon
bestimmt; jetzt muss die Wirkung des musikalischen Erlebnisses auf das Ich
bewertet werden. Welche Empfindung verbindet das Ich mit dem Tango?
Markieren Sie sie im Text!

Das werden Sie markiert haben:

7   (…) für einen Moment eine

Überraschung, für einen Moment

9   Aufatmen, für einen Moment

eine Pause in dieser Straße,

11   die niemand liebt und atemlos

macht, beim Hindurchgehen. (…)

Überraschung, *Aufatmen* und *eine Pause* weisen auf einen außergewöhnlichen
und plötzlichen Gemütszustand hin, der in *dieser Straße*, die das Ich kennt und
ihm gewöhnlich den Atem nimmt, völlig unerwartet ist.

Das Glücksgefühl, das diesen Begriffen gemeinsam ist, ist aber von
Einschränkungen betroffen, die analysiert werden müssen.

7   Welche Einschränkungen der wunderbaren Wirkung der Tangomusik
formuliert der Autor im zweiten Satz?

Die Wirklichkeit des Erlebnisses ist momentan: *für einen Moment*. Diese Formel
wird dreimal verwendet (Zeile 7 bis 9). Das Ich durchläuft die Straße wie immer,
trotz des beeindruckenden Erlebnisses hält es den Schritt nicht an (*beim Hindurchgehen*, Zeile 12), aber es schreibt das Erlebnis auf.

8   Welche Wirkung hat die syntaktische Form des zweiten Satzes?

Der → elliptische Satz steigert den Gefühlsausdruck des Moments, der den Alltag
durchbricht.

Damit sind Sie beim letzten Satz / Bedeutungsabschnitt des Gedichts angelangt. Seinen Inhalt haben Sie schon formuliert, jetzt müssen Sie wieder die Umstände des Geschehens und ihre Wirkung analysieren. Fangen wir mit dem Sachverhalt an.

9   Warum notiert das Ich sein Erlebnis und wie tut es das? Welche Wirkung wird dadurch erzeugt?

Das Ich – hinter dem hier der Autor steht – hält das Augenblickserlebnis (*Moment*, Zeile 14) rasch fest, damit es nicht spurlos vorübergeht: *Ich schrieb das schnell auf* (Zeile 12f.).
Die → Alliteration von *schrieb* und *schnell* (Zeile 13) beschleunigt das Tempo, zeigt das Dringliche der Aufzeichnung. Vers 13 beginnt mit dieser Alliteration; die zwei Zeilen 13 und 14 sind ganz dem einmaligen *Moment* (Zeile 14) gewidmet, während das *Ich* im vorangehenden Zweizeiler (am Ende von Zeile 12) bleibt.

10   Warum ist die Aufzeichnung des Augenblicks so wichtig? Markieren Sie nun, was auf die Dringlichkeit, den Augenblick festzuhalten, hinweist. Achten Sie auf das Vokabular, das den Moment in den zwei letzten Strophen umgibt.

Ihr Ergebnis wird sicher ganz ähnlich sein:

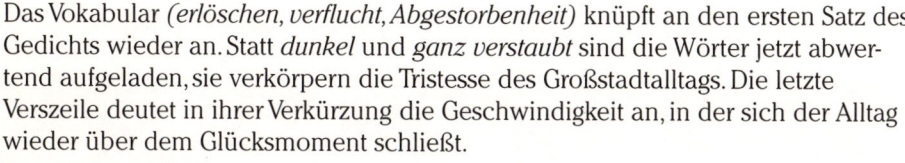

12   (…) Ich

13   schrieb das schnell auf, bevor

       der Moment in der verfluchten

15   dunstigen Abgestorbenheit Kölns

       wieder erlosch.

Das Vokabular *(erlöschen, verflucht, Abgestorbenheit)* knüpft an den ersten Satz des Gedichts wieder an. Statt *dunkel* und *ganz verstaubt* sind die Wörter jetzt abwertend aufgeladen, sie verkörpern die Tristesse des Großstadtalltags. Die letzte Verszeile deutet in ihrer Verkürzung die Geschwindigkeit an, in der sich der Alltag wieder über dem Glücksmoment schließt.

┌─────────── **Fassen wir zusammen** ───────────┐

Die bedrückenden Eigenschaften einer frühabendlichen Kölner Straße im
Spätsommer sind hier gedrängt gereiht. Umso dringlicher will das Ich den
Augenblick festhalten.

└──┘

11   Warum steht der letzte Satz des Gedichts im Präteritum *(schrieb, erlosch)*?
Überlegen Sie selbstständig und schreiben Sie Ihre Meinung auf die Zeilen,
bevor Sie dann mit der Ausführung eines kompletten Aufsatzes beginnen.
Wenn Sie zur Beantwortung dieser Frage keine Ideen haben, hilft Ihnen das
folgende Aufsatzbeispiel weiter.

3 Aufsatzbeispiel

Einleitung: Autor

Rolf Dieter Brinkmann gehört zu einer Gruppe von Autoren, die in den frühen siebziger Jahren gegen eine zu reflektierte und sinnenfeindliche Literatur, wie sie im Gefolge der Studentenbewegung von 1968 entstanden war, rebellierte. Brinkmann vertrat immer das Recht der Literatur, spontane Situationen, Augenblicke und Schnappschüsse der Wirklichkeit literarisch zu behandeln.

Bezug zum Thema

Mit einer solchen zufällig erlebten Situation beginnt auch sein Gedicht „Einen jener klassischen". Schon das Hineinnehmen des Titels in den Text zeigt die Plötzlichkeit der Situation, der sich das erlebende Ich nicht entziehen kann. Der Titel ist keine Anrede an den Leser oder thematische Zusammenfassung des Gedichts, kein Schlüsselhinweis auf die Bedeutung des Textes, sondern einfach der unvermittelte Beginn eines Moments, der dann fast das ganze Gedicht ausmacht.

Enjambements / Rhythmus

Vokalität / Metrum

Ein ungewöhnlicher musikalischer Augenblick wird erlebt, der sich in mehreren Enjambements bis in den siebten Vers zieht. Eindringlich, durch einen schweren Anfangsrhythmus und die dunkle Vokalität des „schwarzen Tangos" (Z. 1), beginnt die musikalische Impression. Der gleichmäßige Wechsel von betonten und unbetonten Silben des „schwarzen Tangos" erzeugt einen pathetischen und getragenen Klang.

Umstandsangaben

Dieses Erlebnis, vom Ich als „beinahe ein Wunder" (Z. 6f.) empfunden, ist von präzisierenden Erklärungen und einschränkenden Umständen begleitet. Alltagsumstände prägen den wunderbaren Moment. Es ist „kurz nach Laden Schluß" (Z. 3f.), also der Beginn der Hauptverkehrszeit, in der alles nach Hause drängt. Im Jahr 1975 war das noch kurz nach 18 Uhr oder 18 Uhr 30. Aus der Tür einer griechischen Gaststätte, aus deren Dunkel gewöhnlich nur Sirtaki-Musik zu hören sein dürfte, ertönt die schwerblütige Tangomusik. Es ist Ende August,

●●●

Nebenbedeutungen

was nicht wertneutral gemeint, sondern ein Hinweis auf die Öde großstädtischen Alltags ist: „der Sommer (ist) schon ganz verstaubt" (Z. 2f.).

„Verstaubt" bezeichnet in seiner Nebenbedeutung immer etwas Überholtes, einen leblosen, freudlosen Zustand. Die Angaben von öder Alltäglichkeit kontrastieren mit dem musikalischen Erlebnis, das so großartig ist, dass es später vom Ich aufgeschrieben wird. So ergibt sich eine absurde Wirkung: Nichts passt zusammen – das griechische Lokal nicht zum Tango, der verstaubte Sommer nach Ladenschluss nicht zur klassischen Tanzmusik. Umso intensiver wirkt die Musik auf das hörende Ich.

Ellipse

Die Wirkung wird im weiteren Verlauf des Gedichts evident. Nach dem Doppelpunkt in Zeile 7 folgt ein Satz, der schon durch seine elliptische Form, die jede verbale Festlegung vermeidet, die spontane Glücksempfindung des Ichs steigert. Dieser Satz bezeichnet das Außergewöhnliche des Erlebnisses ebenso wie dessen Einschränkung.

Schlüsselwörter

Drei Substantive weisen in drei aufeinander folgenden Versen auf das Unerwartete und Befreiende des zufälligen musikalischen Moments hin: „Überraschung" (Z. 8), „Aufatmen" (Z. 9) und „Pause" (Z. 10). Aber die Wirklichkeit des Erlebens ist nur momentan und ganz flüchtig.

Wiederholungen

Dreimal wird im Text ausgedrückt, dass das Befreiungsgefühl nur „für einen Moment" (Z. 7ff.) andauert. Das Ich ist mit der Straße vertraut, in der es vom Klangerlebnis überrascht wird. Daher ist ihm das Flüchtige und Momentane dieses Zustands völlig klar, doch auch das Besondere daran. Die ungeliebte Straße (vgl. Z. 11) ist so öde, dass sie – so rasch durcheilt man sie gewöhnlich – „atemlos" (Z. 11) macht. Der ungewöhnliche Augenblick in der unpassendsten Umgebung, die gleich wieder beherrschend sein wird, zwingt das Ich zu seiner schriftlichen Fixierung. Die Dringlichkeit, das Erlebnis des „schwarzen Tangos" (Z. 1) festzuhalten, wird in einem einzigen Vers festgehalten.

Alliteration

„Ich schrieb das schnell auf" heißt es in Zeile 12 und 13; das „Ich" bleibt in Zeile 12, wodurch die Allitera-

●●●

tion von „schrieb" und „schnell" am Anfang der
13. Verszeile eine das Tempo steigernde Wirkung
erreicht.

Umstandsreihungen

Warum muss das Erlebnis schnell aufgeschrieben
werden? Die Aneinanderreihung der tatsächlichen
Stimmung des abendlichen Köln im Spätsommer gibt
die Antwort. Verflucht, dunstig und abgestorben
(vgl. Z. 14f.) wird die Großstadt gleich wieder sein.
Wie schnell die Tristesse des großstädtischen Alltags
wieder den musikalischen Glücksmoment ver-
schluckt, deutet der verkürzte Schlussvers an:
„wieder erlosch" (Z. 16).

Zeitenwechsel

Ins Auge springt die Zeitstufe des letzten Verbs „erlosch" (Z. 16). Es steht ebenso im Präteritum wie
„schrieb" (Z. 13). Der Gebrauch der Vergangenheit
zeigt, dass das Gedicht nicht einfach mit der mo-
mentanen Erfahrung des genossenen Augenblicks
zusammenfällt. Der Autor hält für sein Gedicht etwas bewusst fest. Er erlaubt dem Leser einen Blick
in die Werkstatt des Schriftstellers.

**Kunstcharakter
des Textes**

Die Wahrnehmung eines wirklichen Moments und
der gestalterische Prozess dieses Moments sind beide
im Text enthalten. Der absurde, spontane Augenblick, ekstatisch erlebt, steht am Anfang des Gedichts und wird dann durch die Komposition, durch
Wiederholung von Wendungen und Arrangements
des Vokabulars übertragen und aufbewahrt.

Reimformen

Assonanz

nur Vokale sind am Gleichklang beteiligt
sehen – regen

Doppelte Reime

schon die vorletzte Hebung reimt
Wehn vom Meer – sehn wie er

Gespaltene Reime

Reimsilben verteilen sich auf mehrere Wörter
Als noch mein Leben licht war.
(…) Ist keiner mehr sichtbar.

Identische Reime

reimen mit dem gleichen Wort
Zweck – Zweck

Reine Reime

Gleichklang in Vokal und Schlusskonsonant
Raub – Staub

Rührende Reime

phonetisch gleich lautende Wörter verschiedener
Bedeutung
Wirt – wird

Unreine Reime

unvollständiger Gleichklang
Gemüt – Lied; Haus – schaust

Reimfolgen

Anfangsreim	Reim der ersten Wörter zweier aufeinander folgender Verse *Krieg! Ist das Losungswort.* *Sieg! Und so klingt's fort*
Binnenreim	Reim zweier Wörter innerhalb einer Verszeile *Bei stiller Nacht zur ersten Wacht*
Haufenreim	Sonderform des Paarreims Schema *aaaa bbbb cccc …*
Kehrreim	Wiederholung von Lauten (Tonkehrreim) oder von Verszeilen innerhalb eines Gedichts: Anfangskehrreim, Binnenkehrreim, Endkehrreim (Refrain)
Kreuzreim	Schema *abab …*
Mittenreim	Versende reimt mit einem Wort des Inneren der folgenden oder der vorausgehenden Verszeile *Ist einer, der nimmt alle in die Hand* *dass sie wie Sand durch seine Finger rinnen*
Paarreim	Schema *aa bb …*
Schlagreim	im Vers unmittelbar aufeinander folgend *Quellende, schwellende Nacht*
Schüttelreim	mehrere Silben reimen sich bei Austausch der Anfangskonsonanten der reimenden Silbenpaare *Lieber hör ich Mottls Tristan* *Als von diesem Trottel Mist an.*
Schweifreim	Schema *aab ccb* (oft in Volksliedstrophen)
Umarmender Reim	Schema *abba …*

Versmaß

Aus der Kombination von bestimmten Silben ergibt sich ein Maß oder eine Takt-reihe, die das Gedicht in seiner Betonungsstruktur prägt. Die Namen für die Metren oder Taktarten stammen aus dem Griechischen. Die wichtigsten sind:

Jambus = Steiger: 1 unbetonte, 1 betonte Silbe

x x́

Verbót, geléhrt, hinwég, Betrúg

Trochäus = Faller: 1 betonte, 1 unbetonte Silbe

x́ x

Lében, Róse, Líebe, sícher, áußen, Tíefe

Anapäst = Doppelsteiger: 2 unbetonte, 1 betonte Silbe

x x x́

Paradíes, Maleréi, nebenbéi

Daktylus = Doppelfaller: 1 betonte, 2 unbetonte Silben

x́ x x

Néulinge, schwéllende, Héilige

Um das Versmaß zu bestimmen, prüft man

✗ die Gliederung von Betonungen (Hebungen) und weniger betonten Silben (Senkungen) innerhalb eines Verses

✗ die Gestaltung der Versgrenzen:
Beginnt der Vers betont oder unbetont?
Endet er männlich oder weiblich?
Ist er mit den Nachbarversen verfugt?

✗ die Betonung der Reimwörter des Verses

Rhythmus

Ähnlich wie in der Musik unterscheidet sich der Rhythmus vom Takt. Oft stimmen in Gedichten Metrum und Rhythmus überein, für die Interpretation aber sind Abweichungen und Brüche aufschlussreich. Der Klang des Gedichts kann durch einen fließenden, stockenden oder drängenden Rhythmus beeinflusst sein. Tempo, Pausen und Akzente des Gedichts werden vom Rhythmus – das ist die Gliederung der Lautmasse – beim Sprechen bestimmt. Den Rhythmus untersucht man, um bei Zweifeln das Versmaß eines Gedichts zu bestimmen.

Manche Gedichte wie die Hymnen des Sturm und Drang oder expressionistische Gedichte lassen kein klares Versmaß erkennen. Sie sind in freien Rhythmen gestaltet – metrisch ungebundene Verse beliebiger Länge, unstrophisch oder schein-strophisch.

Ein Beispiel von Stefan George:
Es lacht in dem steigenden jahr dir
Der duft aus den gärten noch leis.
Flicht in dem flatternden haar dir
Eppich und ehrenpreis.

Nach der Gliederung der betonten und unbetonten Silben ergäbe sich als metrisches Schema für die ersten zwei Verse ein Auftakt mit zwei Daktylen und einem Trochäus:

x x́xx x́xx x́x

x x́xx x́xx x́

Rhythmus und Stimmung des Textes legen aber eine ganz andere Betonung, also auch eine andere Interpretation des Gedichts nahe, die sich auf eine Gliederung ohne Auftakt in Jambus und Anapäst stützt. Das Enjambement zwischen den Versen verfugt diese mit einem weiteren Anapäst:

xx́ xxx́ xxx́ x

xx́ xxx́ xxx́

Ein anderes Beispiel von Eichendorff in Ausschnitten:
Es war als hätt' der Himmel
Die Erde still geküsst
(…)
Und meine Seele spannte
weit ihre Flügel aus.

Die Schlussverse ergeben – rein metrisch betrachtet – folgende jambische Taktreihe:

xx́ xx́ xx́ x

xx́ xx́ xx́

Der letzte Verseinsatz mit dem kräftigen, einsilbigen Wort *weit* erzwingt aber eine heftige Betonung (schwebende Betonung bzw. Tonbeugung) und damit einen anderen Rhythmus. Zusammen mit dem Enjambement ergibt sich ein ganz anderes, anschauliches Klangbild des entgrenzten Seelenflugs:

xx́ xx́ xx́ x

x́xx x́xx

Diese rhythmische Lesart des Textes könnte sogar auch beim vorletzten Vers des Beispiels verwendet werden.

Lyrische Gattungen

Ballade

erzählende, dramatische Versdichtung

Stoffe: Schauer, Grauen, menschliche Grenzsituationen und Konflikte

numinose Ballade: Darstellung des menschlich kaum Fassbaren, Furchterregenden, Faszinierenden (z. B. *Der Erlkönig*)

Ideenballade: der handelnde Mensch in einem Konfliktfeld (z. B. *Die Bürgschaft*)

Elegie

seit dem 18. Jahrhundert in Deutschland

Gedichtform für die Themen Abschied, Trennung, Erinnerung, Sehnsucht, Totenklage

Trauer- und Klagegedicht ohne wehleidige Form der Trauer

Hymne

ohne feste formale und inhaltliche Kennzeichen

sprachlich gehoben

unbeschränkt in der metrischen Form

schwungvoller Ton

oft in freien Rhythmen (besonders typisch: Goethes Hymnen des Sturm und Drang)

Kunstlied

Nachahmung oder Bearbeitung des Volkslieds durch Dichter

oft durch künstlerische Raffinesse betont schlicht wirkend (Volksliedton)

besonders beliebt in der Romantik

Lied

regelmäßig gegliedert

mehrstrophig

singbar

oft mit wiederholenden Elementen, z. B. Refrain

Ode	strophisch gegliedert
	metrisch fest gefügt
	meist ohne Reimbindung
	lyrische, strenge Form des Feierlichen
	stilistisch gehoben
	erhabene Themen: Natur, Freundschaft, Gott, Religion, Staat, Tod, Liebe
Sonett	formal ein Reimgedicht mit zwei vierzeiligen Strophen (Quartette) und zwei dreizeiligen Strophen (Terzette) sowie variierenden Reimverschränkungen
	in Deutschland aus dem romanischen Sprachbereich übernommen
	daneben existiert das englische Sonett („Shakespeare-Typ") mit drei Quartetten und einem Reimpaar nach dem Schema abab cdcd efef gg
	wegen seiner klaren Gliederung und der Zäsur zwischen Quartetten und Terzetten besonders geeignet für Gedankenlyrik und erkenntnisscharfe Pointierungen
Volkslied	wirklich „im Volk" lebendig
	Untrennbarkeit von Wort und Weise
	schlichte Texte
	Themen allgemein menschlichen Gehalts
	meist klar gebaute, vierzeilige Strophen aus Vier- oder Dreitaktern bzw. wechselnd

Fachbegriffe mit Erklärungen

Adversativ entgegensetzend, durch Umstellung des Satzbaus; besonders durch adversative Konjunktionen zur Betonung eines scharfen Gegensatzes:
aber vom Grund aus alten Waldskeletten
steigt Willen auf

Alexandriner ursprünglich im Alexander-Epos (1180); jambischer Reimvers mit 12 oder 13 Silben und deutlicher Zäsur nach der dritten Hebung:
Du síehst, wohín du síehst, || nur Eítelkeít auf Érden

Allegorie bildliche Darstellung eines abstrakten Begriffs; meist eine systematisierte → Metapher, die entschlüsselt werden muss:
Waage, verbundene Augen und *Schwert* als Bild der Gerechtigkeit

Alliteration Stabreim; gleich lautender Anlaut betonter Stammsilben:
Wind und Wetter

Anapäst siehe unter *Versmaß*, Seite 138

Anapher Wortwiederholung aus dem Bereich der Klangfiguren; die Anfangswendung wird gefühlsverstärkend wiederholt:
O Mutter! Was ist Seligkeit? O Mutter! Was ist Hölle?

Anfangsreim siehe unter *Reimfolgen*, Seite 137

Antithese rhetorische Figur; Gegenüberstellung entgegengesetzter Aussagen; die Kontrastwirkung steigert den Bildgehalt:
Eng ist die Welt und das Gehirn ist weit

Assonanz siehe unter *Reimformen*, Seite 136

Ballade siehe unter *Lyrische Gattungen*, Seite 141

Bild zusammenfassender, übergeordneter Begriff für → Metaphern, Vergleiche und bildliche Ausdrucksweisen

Binnenreim siehe unter *Reimfolgen*, Seite 137

Chiffre	einfache, meist bildhafte Wörter oder Wortkombinationen, die statt ihrer üblichen Bedeutung ihren Sinnbezug durch ein vom Autor bestimmtes System von Signalen oder Zeichen erhalten: *Stadt* (bei Trakl) als Chiffre für *Chaos*
Daktylus	siehe unter *Versmaß*, Seite 138
Doppelte Reime	siehe unter *Reimformen*, Seite 136
Elegie	siehe unter *Lyrische Gattungen*, Seite 141
Ellipse	Auslassung eines Wortes in einem Satz, wobei der Sinnzusammenhang erhalten bleibt; fördert ekstatische Sprechweise sowie Unmittelbarkeit des Gefühls und des Ausdrucks: *Mörder, Räuber durch spitzbübische Künste!*
Emblem	Sinnbild; besonders im Barock wichtiges Ausdrucksmittel, das in Bild oder Text eine bekannte Einsicht kunstvoll oder verrätselt in drei Schritten vermittelt: zum Beispiel Bild eines Totenkopfes mit Motto *(Aus dem Höchsten das Geringste)*, Bild *(Totenschädel)* und Epigramm *(ein luftiges Haupt ohne Hirn)*
Emphase	rhetorische Figur zur hörbaren Hervorhebung eines Wortes durch akustische Betonung: *Menschen! – Menschen! falsche, heuchlerische Krokodilbrut!*
Enjambement	Überschreitung; die syntaktische Einheit setzt sich in die nächste Versreihe fort (auch „Hakenstil" genannt im Gegensatz zum „Zeilenstil", bei dem der Satz mit dem Versschluss endet): *Und meine Seele spannte ‖ weit ihre Flügel aus*
Ennalage	ungewöhnliche Umstellung; das Beiwort steht nicht beim Beziehungswort, sondern beim voranstehenden oder nachfolgenden Hauptwort; unterstreicht Gefühle und Gefühlswirkungen: *die frühen Gräber* (= die Begrabenen sind zu früh gestorben), *das braune Lachen ihrer Augen*

Epigramm	präziser, dichterisch geformter Gedanke (Sinnspruch); im Barock als geistreicher Schlussreim, gedanklich zugespitzt; Bestandteil des → Emblems: *Schwerlich täten so viel Schaden, die in Fesseln sind gefangen || Als die oft auf Stühlen sitzen und mit gold-nen Ketten prangen.*
Gespaltene Reime	siehe unter *Reimformen*, Seite 136
Hakenstil	vgl. *Enjambement*
Häufung	Worthäufung durch Reihung, Abwandlung oder Steigerung (→ Klimax); Aneinanderreihung mehrerer Unterbegriffe statt des Oberbegriffs; in der Lyrik meist asyndetisch (ohne Bindewörter): *Alles rennet, rettet, flüchtet.*
Haufenreim	siehe unter *Reimfolgen*, Seite 137
Hebung	betonte Silbe im Vers
Hochtonwörter	einzelne Silben werden durch Tonhöhe und Tonstärke, insbesondere auf *a* im Vers akzentuiert: *Wahnsinn der Stadt*
Hymne	siehe unter *Lyrische Gattungen*, Seite 141
Identische Reime	siehe unter *Reimformen*, Seite 136
Inversion	Hervorhebung eines Wortes durch Umstellung des üblichen Satzbaus (besonders von Subjekt und Prä-dikat) oder durch poetischen Genitiv: *Spät kömmt Ihr, doch Ihr kömmt.* *Der Menschen müde Scharen*
Ironie	Sprechhaltung; das Gegenteil vom Gemeinten wird (wissentlich) gesagt: *Ihr seid mir schöne Demokraten!*
Jambus	siehe unter *Versmaß*, Seite 138

Kadenz	Versschluss; drei Grundformen, die vom Reim bestimmt sind: • einsilbig / stumpf / männlich *(Flut – Glut)* • zweisilbig / klingend / weiblich *(Ferne – Sterne)* • dreisilbig / gleitend / reich *(Sterblichen – Verderblichen)*
Kehrreim	siehe unter *Reimfolgen*, Seite 137
Klimax	rhetorische und stilistische Figur; Reihung von Sätzen oder Wörtern mit steigender Intensität (Abstufung nach unten = Antiklimax): *Mitbürger! Freunde! Römer! Hört mich an!*
Kreuzreim	siehe unter *Reimfolgen*, Seite 137
Kunstlied	siehe unter *Lyrische Gattungen*, Seite 141
Leitwörter	durch Klang oder Bedeutung aufgeladenes Wort, das sich (eventuell auch als Wortfeld) durch den Text zieht und Assoziationen weckt, z. B. Farbwerte oder religiöse Symbole
Lied	siehe unter *Lyrische Gattungen*, Seite 141
Lyrisches Du	vgl. *Lyrisches Ich*
Lyrisches Ich	übernimmt die Rolle des Sprechers im Gedicht; damit wird ein bestimmter Standpunkt, eine Haltung oder Perspektive eingenommen. Aus der Beziehung des Ichs zur Wirklichkeit im Gedicht erschließt sich Denken und Fühlen des Ichs. Manchmal wird ein lyrisches Du als Partner angesprochen, um die Position des Ichs zu bestimmen: *Meine Seele, die die Deine liebet*
Metapher	Übertragung; ein bildlicher Ausdruck enthält einen Begriff; oft auch definiert als „Vergleich ohne das Wort *wie*". Grundlage der Übertragung sind gemeinsame Bedeutungselemente: *der ewigen Jugend Strom*

Metonymie	Umbenennung; ein Wort wird im übertragenen Sinn für einen verwandten Begriff gebraucht: *Er kennt seinen Goethe* (statt *Goethes Werke*) oder *Traube* für *Wein*
Metrum	siehe den Abschnitt *Versmaß*, Seite 138
Mittenreim	siehe unter *Reimfolgen*, Seite 137
Motiv	häufig verwendetes Darstellungselement, das eine Grundsituation (z. B. *feindliche Brüder*) oder einen räumlich-zeitlichen Umstand (*Stadt bei Nacht*) kennzeichnet
Motto	vgl. *Emblem*
Neologismus	sprachliche Neubildung von Wörtern, meist gewagt; populär im Barock und im Expressionismus: *schamzerpört, Sternensaat*
Ode	siehe unter *Lyrische Gattungen*, Seite 142
Paarreim	siehe unter *Reimfolgen*, Seite 137
Paradoxon	scheinbar widersinnige Behauptung, die sich jedoch als richtig erweist: *Eng ist die Welt, doch das Gehirn ist weit.*
Parallelismus	gleich gebaute, aufeinander folgende Sätze, meist auch mit Elementen der Wiederholung: *Gottes ist der Orient! Gottes ist der Okzident!*
Pathos	griech. „Leiden"; Sprechhaltung feierlicher Empfindung, Ergriffenheit oder Begeisterung: *Ich bin ein Geländer am Strome: fasse mich, wer mich fassen kann!*
Personifikation	rhetorische Figur; Vermenschlichung oder Verkörperung von Dingen und Begriffen; mit der → Metapher verwandt: *die Fackel lacht*
Pointierung	Zuspitzung einer Erkenntnis oder Empfindung; steht manchmal am Ende von Gedichten als geistreicher Schlusseffekt oder überraschende Einsicht

Quartett	vgl. *Sonett*
Reine Reime	siehe unter *Reimformen*, Seite 136
Rhythmus	siehe den Abschnitt *Rhythmus*, Seite 139
Rollenlyrik	das → lyrische Ich des Gedichts nimmt die Rolle einer zitierten Person an um zu sprechen: *Bedecke Deinen Himmel, Zeus* (Goethes „Prometheus")
Rührende Reime	siehe unter *Reimformen*, Seite 136
Schüttelreim	siehe unter *Reimfolgen*, Seite 137
Schwebende Betonung	älterer, praktischer Ausdruck für eine Betonung gegen das → Metrum, die vom → Rhythmus erzwungen wird
Schweifreim	siehe unter *Reimfolgen*, Seite 137
Schwellenbildlichkeit	romantische Sprechhaltung und Pose; das → lyrische Ich verlässt seinen Standort nicht und erlebt in seiner Sehnsuchtsstimmung dennoch die Welt; meist durch Irrealis und optativische Hilfsverben geprägt: *Am Fenster ich einsam stand (…) da hab ich mir heimlich gedacht: ‖ Ach, wer da mitreisen könnte ‖ In der prächtigen Sommernacht.*
Schwellenmotiv	wie → Schwellenbildlichkeit, jedoch auf → Motive bezogen: *Es war, als hätt' der Himmel ‖ die Erde still geküsst*
Semantik	Lehre von der Bedeutung der Wörter
Senkung	unbetonte Silben zwischen zwei → Hebungen
Skandieren	einen Vers taktmäßig oder rhythmisch sprechen
Sonett	siehe unter *Lyrische Gattungen*, Seite 142
Stabreim	vgl. *Alliteration*
Strophe	eine bestimmte Anzahl von → Versen ist zu einer Form angeordnet, die in sich geschlossen ist und wiederkehrt

Strophenmetrik	Bedeutungsverhältnis der → Strophen zueinander
Strophik	Kunst des Strophenbaus
Symbol	griech. „Erkennungszeichen"; ein konkreter Gegenstand verweist als Zeichen auf eine abstrakte oder allgemeine Bedeutung; beruht auf kultureller Übereinkunft: Kreuz für *Erlösung*, Ring für *Unendlichkeit* oder *Treue*
Synästhesie	gleichzeitige Verbindung von Eindrücken verschiedener Sinne: *golden weh'n die Töne nieder*
Tautologie	Ausdrucksverstärkung durch Koppelung von Synonymen: *immer und ewig*
Terzett	vgl. *Sonett*
Textimmanenz	Interpretationsverfahren, das Erkenntnisse nur aus dem Text gewinnt und textexterne Hilfen aus Biografie, Geschichte oder Literaturwissenschaft nicht zulässt
Tonbeugung	vgl. *schwebende Betonung*
Topos	Klischee, Gemeinplatz, feste Vorstellungs- und Ausdrucksform, die in der Dichtung tradiert wird: *Staatsschiff* als → Metapher für Gesellschaft und staatliche Aufgaben, *Paradies* als wunderbarer Ort
Trochäus	siehe unter *Versmaß*, Seite 138
Umarmender Reim	siehe unter *Reimfolgen*, Seite 137
Unreine Reime	siehe unter *Reimformen*, Seite 136
Vanitas	zentrales → Motiv des Barock; bezeichnet die Hinfälligkeit, Vergänglichkeit und Nichtigkeit des menschlichen Lebens (barocker Begriff: *Eitelkeit*)
Vers	gebundene Rede, die eine Zeile eines Gedichts umfasst

Versmaß	siehe den Abschnitt *Versmaß*, Seite 138
Versschluss	vgl. *Kadenz*
Vokalität	Klangwirkung, die sich aus dem Vokalbestand und der Anordnung von Vokalen bestimmter Wörter ergibt
Volkslied	siehe unter *Lyrische Gattungen*, Seite 142
Werkimmanenz	vgl. *Textimmanenz*
Wiederholung	regelmäßig oder unregelmäßig wiederkehrende, identische Textteile, deren Ausdruckswert sich aus dem jeweiligen Arrangement ergibt
Zäsur	Sinneinschnitt im → Vers; gliedert ihn durch eine Pause; zerschneidet Takt und Versfuß (vgl. auch *Alexandriner*)
Zeilenstil	der Satz endet mit dem → Versschluss: *Die Luft ging durch die Felder. Die Ähren rauschten sacht.*

Quellenangaben

Seite 6: Andreas Gryphius, Einsamkeit, aus: K. O. Conrady, *Das große deutsche Gedichtbuch*, Kronsberg (Athenäum), 1977.

Seite 24f.: Matthias Claudius, Abendlied, aus: ders., *Sämtliche Werke*, München (Winkler), 1968.

Seite 44: Johann Wolfgang von Goethe, Auf dem See, aus: ders., *Gedichte und Epen I*, Hamburger Ausgabe, München (C. H. Beck), 12. Auflage 1981.

Seite 60f.: Joseph von Eichendorff, Die zwei Gesellen, aus: ders., *Werke*, Band 1, München (Winkler/Artemis), 1970.

Seite 81: Rainer Maria Rilke, Spätherbst in Venedig, aus: ders., *Gesammelte Gedichte*, Frankfurt (Insel), 1962.

Seite 83: Friedrich Nietzsche, Venedig, aus: ders., *Sämtliche Werke. Kritische Studienausgabe*, Band 6, München (dtv/de Gruyter), 1980.

Seite 83: Stefan George, Komm in den totgesagten Park, aus: ders., *Sämtliche Werke in 18 Bänden*. Hrsg. v. der Stefan George-Stiftung, Stuttgart. Band 4: *Das Jahr der Seele*. Bearb. v. Georg P. Landmann, Stuttgart (Klett-Cotta), 1982.

Seite 96: Georg Trakl, An die Verstummten, aus: ders., *Das dichterische Werk*, München (dtv), 4. Auflage 1977.

Seite 111: Gottfried Benn, Reisen, aus: ders., *Sämtliche Werke. Stuttgarter Ausgabe*. In Verb. m. Ilse Benn hrsg. v. Gerhard Schuster. Band 1: *Gedichte 1*, Stuttgart (Klett-Cotta), 1986.

Seite 119: Volker Braun, Jazz, aus: ders., *Vorläufiges. Gedichte*, Frankfurt (Suhrkamp), 1966.

Seite 120: Sarah Kirsch, Schöner See Wasseraug, aus: dies., *Gedichte*, Ebenhausen (Langewiesche-Brandt), 1969.

Seite 120: Erich Fried, Anpassung, aus: ders., *und vietnam und*, Berlin (Wagenbach), 1966.

Seite 121: Ernst Jandl, falamaleikum, aus: ders., *Gesammelte Werke in drei Bänden*, Frankfurt (Luchterhand Literatur Verlag), 1985.

Seite 121: Günter Kunert, Unterwegs nach Utopia II, aus: ders., *Unterwegs nach Utopia*, München (Hanser), 3. Auflage 1978.

Seite 126: Rolf Dieter Brinkmann, Einen jener klassischen, aus: ders., *Westwärts 1 & 2*. Gedichte, Reinbek (Rowohlt), 1975.

Seite 139: Stefan George, Es lacht in dem steigenden Jahr dir, aus: ders., *Sämtliche Werke in 18 Bänden*. Hrsg. v. der Stefan George-Stiftung, Stuttgart. Band 4: *Das Jahr der Seele*. Bearb. v. Georg P. Landmann, Stuttgart (Klett-Cotta), 1982.